|第九辑|

找寻遗失在西方的中国史

西洋镜

清代风俗人物图鉴

[英]乔治·亨利·梅森 等 著　赵省伟 于洋洋 编译

台海出版社

图书在版编目（CIP）数据

西洋镜：清代风俗人物图鉴 /（英）乔治·亨利·梅森等著；
赵省伟，于洋洋编译 . —北京：台海出版社，2016.12（2024.3重印）
ISBN 978-7-5168-0604-3

Ⅰ. ①西… Ⅱ. ①乔…②赵…③于… Ⅲ. ①中国历
史－史料－清代Ⅳ. ① K249.06

中国版本图书馆CIP数据核字(2016)第297003号

西洋镜：清代风俗人物图鉴

著　　者：[英]乔治·亨利·梅森 等	编译者：赵省伟　于洋洋
责任印制：蔡　旭	责任编辑：俞滟荣

出版发行：台海出版社

地　　址：北京市东城区景山东街 20 号　　邮政编码：100009

电　　话：010-64041652（发行，邮购）

传　　真：010-84045799（总编室）

网　　址：www.taimeng.org.cn/thcbs/default.htm

E — mail：thcbs@126.com

经　　销：全国各地新华书店

印　　刷：盛大（天津）印刷有限公司

本书如有破损、缺页、装订错误，请与本社联系调换

开　　本：787mm×1092mm　　1/16	
字　　数：150 千字	印　　张：10.5
版　　次：2017 年 2 月第 1 版	印　　次：2024年3月第3次印刷
书　　号：ISBN 978-7-5168-0604-3	

定　　价：88.00 元

在收藏与出版之间

　　2009 年毕业之后，我一直从事文史图书的出版工作，其间工作几经变动，后来落脚在地坛边一家新建出版社。2013 年年底，一次很偶然的机会，策划出版了《遗失在西方的中国史：〈伦敦新闻画报〉记录的晚清 1842—1873》一书。这套定价 198 元的书出乎发行、出版社领导及我的意料，在任志强、王巍等名人及百度推广的推荐下（未公关），该书掀起一轮又一轮的销售热潮。本来我当时的重心还在"名家说史"这一方向上，此后我不假思索地选择了那个几乎要放弃的选题——法国画报记录的中国。

　　此前，我一直跟北京的一位收藏家徐先生谈法国《小日报》的出版事宜。徐先生因为当时有研究任务在身不便过多参与，便提出将 70 份的《小日报》以 10 万元的价格出售给我们。当时我感觉，虽然出版价格比较高，但是仍有出版利润。经过多次沟通后，徐先生最终同意以 8 万元左右的价格出售电子版。单位老总却想以这个价格买原版报纸。再三权衡之下，我与两位朋友决定共同出资购买这批报纸。

　　不过当时自己还是有点担心 70 张报纸撑不起一本书。我在浏览网页的时候，无意中发现了网上有一批法国《小日报》在出售。后面的日子里，我几乎天天泡在网上搜罗国内外卖家的信息，终于在 2014 年年初搜集了近百份法国《小日报》和《小巴黎人报》。利用这些资料，出版了"遗失在西方的中国史"系列的第二本，市场依然火爆，两年已经销售约 1.5 万册。

　　此时，我已经打定主意离开出版社，成立自己的工作室，进行海外史料的挖掘和出版。虽然年终奖还没发，虽然《伦敦新闻画报》的第二本已经成稿在手，但我更愿遵从内心，选择更想要的出版方向。大量购买西方报纸和古籍，然后做书出版，以自己的道行很难说服出版机构买单。我也意识到，确实不应该让人投资数百万，一两年内只见到一堆报纸、古籍和翻译得很蹩脚的书稿。

　　幸运的是，我在 2015 年相继出版了《西洋镜：海外史料看甲午》《西洋镜：1907，北京—巴黎汽车拉力赛》及《遗失在西方的中国史：法国彩色画报记录的中国1850—1937》等书，逐渐打开了西方报纸、古籍与出版相结合的路径。新同事的陆续加入，为我分担了繁重的扫描、整理图片，编辑，校对等事宜。

本书是"服饰与风俗"系列的最后一本。《中国缩影》编著者不详，大致出版于19世纪40年代，是我在北京古玩市场淘到的一个宝贝。当时卖家把它扔在最边角的地方，一问价格居然4000多元。为了避免自己后悔，我很爽快地买下了。卖家都有些疑惑，熟悉之后，他告诉我应该议下价。不过，当时我看到这十几张泛着黄晕的清代风俗彩图，已经完全没有抵抗力了。

关于《中国刑罚》，一般认为著者是梅森少校。这是西方关于中国风俗的开山之作，首版于19世纪初，市场售价在一万元到三万元之间。

《环行世界：中国风俗》中的图片由威廉·桑德斯拍摄，后期经过手工上色。1862年，桑德斯开设了上海第一家照相馆，拍摄的照片多刊于《远东》《伦敦新闻画报》等杂志，是中国最早、最著名的插图摄影师之一。

附录中的图片算是这两年收藏的精品展示，像《缅甸大使觐见中国皇帝》《驻法公使曾纪泽》《满族八旗首领》等都是难得一见的影像资料。

最后对出版方以及为我提供财力、智力支持的亲朋同事表示由衷的感谢。

编者 赵省伟

目录

环行世界
中国风俗
102
VOYAGE AUTOUR DU MONDE
EN CHINE MOEURS & COUTUMES

附录
120

中国缩影

CHINA IN MINIATURE

清帝国居民的风俗、习惯、性格及服饰

The Manners, Customs, Character, and Costumes of the People of That Empire

贵族妇女、守夜人、持火枪的士兵

前言
Preface
▼

很显然，想要把人类大家庭的每个细枝末节都详尽地阐述出来，很容易造成主次不清，那就和我们在学校里学过的世界地理没有什么区别了。但是有太多的书籍，上面明明写着为孩子们而做，却完全忽略了"了解人类的最佳途径就是人本身"。

这本书的编写就是为了弥补这种不足。当然，我们也希望能够以一种更加吸引人的方式来告诉年轻人，世界其他地方的人都长什么样子、他们穿什么服装、他们的风俗习惯和生活方式又是怎样的。我们自信地认为，这本书既能够为孩子们提供很多的乐趣，又会帮助他们获取更多有用的知识。

在这本小册子的准备过程当中，我们唯一要做的就是让它的风格尽量简单化，从而方便读者阅读和理解。在编辑的时候，我们选取的文字材料都来自于声誉卓著的作家，插图的素材也已经被证明是完全准确的。一方面，编撰者们希望能够为年轻人带来帮助和乐趣；另一方面，对于那些经人介绍而翻开这本书的成年人，也希望他们可以从中了解一些此前不曾知道的知识。

简介
Introduction

　　中国，位于亚洲的东部（中国人则认为自己居住在世界的东方，所以他们也自称为东方人），这是一个特点鲜明而有趣的国家，而且神秘莫测。这个国家的国土面积没有美国那么辽阔，但它的人口数量却非常庞大。据说中国的人口已经达到2亿，而美国的人口只有1200万。

　　中华民族有着四千余年的悠久历史。在这个国家里，依然流传着关于上古时期一场大洪水的传说，故事中掺杂着中国人古怪而虔诚的信仰。这个国家很有可能就是在那场洪水之后建立的。一般来说，他们会避免与来自其他国家的人接触或者产生瓜葛，这使得他们的风俗和习惯持久不变。民众被禁止离开这个国家，他们几乎不会出现在别的国家里，所以令人倍感神秘。中国人对印刷的技术驾轻就熟，并为此创造出了许多稀奇而实用的发明，远远领先于其他国家。但是，中国人从未改进过这些技术，时至今日，中国的印刷术和一千年前几乎一模一样。

　　中国人非常勤劳，而且心灵手巧，但比起发明创造来，他们更擅长模仿。据说，他们的绘画作品与所描绘的对象具有高度的相似性。而在手工制造方面，他们可以把派发给他们的样板模仿得惟妙惟肖，哪怕是瑕疵都不放过。比如说，他们会把做好的衣服上剪下一块，再缝上一模一样的补丁，或者在整套茶具上人为地制造出相同的裂纹，因为交给他们模仿的样品就是这样的。他们能够用象牙、龟甲甚至是用稻米加工仿制成珍珠母，精雕细刻出美丽的盒子、梳子、玩具和几乎所有的日常物品。这些货物被出售给做生意的外国商人，然后贩卖到世界的每一个角落。

　　精美的瓷器是这个国家最重要的商品，瓷器的命名也正源于此。许多年来，中国一直是瓷器的唯一产地。尽管欧洲人和美国人在近几年成功地仿制出了类似的产品，但远不如中国瓷器的精致与华美。

　　蚕的饲养与丝绸的纺织技术同样起源于中国，并在此发扬光大，成为这个国家另一种重要的商品。长久以来，他们成功地保守着这项技术的秘密，甚至用死亡来惩罚任何妄图把蚕茧带出这个国家的人。直到几个绅士把一些蚕茧藏在手杖的顶部，才终于把它们带到了英国。

他们最精彩的杰作还包括那些巨大而美丽的桥梁，还有运河，其中一条运河竟然长达一千八百英里。他们还修建了四通八达的大路，有些道路每天都能得到细致的清扫和精心的养护。不过，最令人叹为观止也最值得这个国家引以为荣的是长城，中国人用它来保护自己免受近邻少数民族的侵扰。

长城的总长度超过一千五百英里，它绵延于高山、深谷乃至湍急的河流之间，它是如此宽阔，甚至可以容纳六名骑兵并排在上面骑行。根据一些作家的计算，长城所使用的石头和砖瓦，超过了美国所有建筑的总和。在中国，主要的城镇和都市周围都环绕着城墙，陌生人被禁止进入他们的城镇，只有少数漂洋过海而来的商人可以得到登陆的许可，但是他们依然被禁止穿过城门进入这个国家。

多年以来，作为中国最重要的农产品，茶树受到了人们小心翼翼的看护，以防被偷带到其他国家。早春时节，新芽刚刚吐蕊，就会立刻被采摘下来，每片叶子都要单独地紧紧卷起，形成你泡茶时候看到的那种形状。在茶叶产区，总有数以百计的孩子受雇进行这些揉捻的工作。当然，由于小小年纪却没有空闲时间去学习，他们通常都非常无知，并一直这样碌碌终老。在茶叶被卷起之后，人们会把它们盛在铜盘中，放在太阳下晒干——也有些旅行家说是盛放于瓷板上，由于外国人是不允许进入中国内陆的，所以很少有人能说清楚这项工作的具体流程。入夏后，第二茬芽叶被采摘下来，并进行分类，细嫩的芽叶被制成绿茶，而棕色的老熟叶片则被完全干燥成红茶，茎梗和不完整的叶片等等是乌龙茶的原料。除了茶叶的挑选之外，植株的不同部分，甚至揉捻和干燥的方式也各有不同。成千上万的人们被雇佣来侍弄茶叶，并为出口做好准备。现在，城市的大门将会敞开，在未来的几个月内，这里会挤满装载着箱子的大车，那些漂洋过海而来的贸易船只将携带着这些茶叶，运送到世界的每一个角落。

美国所有常见的蔬菜几乎都原产自中国。此外，诸如橘树、甘蔗以及许许多多点缀着我们花园及温室的美丽花卉和灌木，也起源于中国（不过，在那里它们都是野生的），并由欧洲人引进我国。大自然还赐予了中国众多的财富，比如樟树、竹子、漆树、皂角、乌桕、面包树、木蓝、棉花等，当地人也借此获得了巨大的利润。那里气候温和，土地湿润肥沃，自然条件如此优越，中国人却生活得并不快乐，因为他们享受不到一个公民的神圣自由。

中国的统治者正是我们所谓的专制政府，也就是说，皇帝享有无限的权力，他的意志就是法律。他宣称自己是上天的儿子，大地的统治者。他是帝国内所有土地的拥有者，任何人都有义务为自己的土地向他纳税。皇帝可以对臣子的身家性命予取予夺，哪怕只是轻微的猜忌，或是突发奇想，或者在震怒之下，或者干脆只是想没收他们的财产。在中国，只要人们犯了罪，他们拥有的全部身家都要上缴给皇帝。人们极度崇拜他，把他当作自己的君父；违背皇帝的意志，或者诋毁皇帝的威严，都被认为是十恶不赦之罪。皇帝的形象和王权都是神圣的。人们必须对他顶礼膜拜，任何出现在他面前的人，都必须匍匐在地，用自己的额头触碰地面九次，这种仪式叫作叩首。1817 年的时候，英国派出的使节就是因为拒绝行叩首礼，而被驳回了面见皇帝的请求。

皇帝的礼服样式简单，一般就是一件宽松的丝绸长袍，再加上一顶天鹅绒的帽子。明黄色是皇室的专属颜色，帝国中的任何人都不得穿用，违者将面临死亡的惩罚。皇亲国戚和显贵们有时可以穿着深黄色的衣服，但这必须得到特殊的许可才行。虽然皇帝本人的服饰很简单，但他那数不清的随从们却衣着华丽，配饰精美。这样做可以充分彰显他高贵的气度和不凡的品位。他拥有一支四万人的仪仗队，虽然很少见，但每当他出现在公众面前的时候，这支庞大的军队都会拱卫在他左右，鼓乐齐鸣，盔明甲亮。

从首都到各大主要的城市，都会修建专供皇帝出行使用的道路，并发布明文昭告天下。这条路被称为"御路"，并受到极其精心的修缮和养护。它通常修建在大路的正中，高于两侧的路面，筑造得光滑而坚实，仿佛地板一样。它是由砂子和粘土混合成砂浆状，经过碾压和夯打而成。路上每隔二百步就会挖一个储水池，内蓄清水。水有时要耗费大量人力从很远的地方运送而来，却只是为了泼洒在路面上；很多人被雇佣来不断地洒水以润湿地面。而当皇帝的行期将近之际，路上会有哨兵日夜值守，驱散无关人等。这段时间内任何人不得踏上大路一步，直到皇帝离开。

中国人身材适中，体型相对瘦削，特别是他们的脚和手都非常短小。他们把长脑袋、大鼻子的英国人叫作马脸人，并视其为怪人。中国人皮肤呈棕黄色，面部宽而扁平，颧骨很高，鼻梁很低，鼻孔宽大，双眼相距很远，且从不睁大，眼睛向太阳穴斜上挑起。这副脸孔看上去给人一种非常鲁钝而无趣的感觉。

中国人表面上非常谦逊，具备各种美德，不过在经过充分的了解和接触之后，外国人往往会对他们产生一种截然不同的印象。他们认为中国人骄傲自大、愚昧无知、思维狭隘、寡廉鲜耻，没有丝毫的荣誉感。他们毫不在乎自己的妻子和孩子们，有时甚至对他们非常残忍。但另一方面，中国人性格坚韧、吃苦耐劳、不屈不挠、心灵手巧，而且非常勤快。简而言之，他们所表现出的美德和恶习，正是他们被奴役的生存状态的必然写照。

中国人真是些奇妙的家伙。下面，我们将对他们的职业、风俗、服装等一一道来。

官员
Mandarins
▼

    中国的官员是整个帝国里地位最高、权力也最大的公职人员。官员分为文职官员和武职官员两种，通过科举考试产生。在中国，头衔和贵族爵位是不能世袭的，而是和欧洲一样，一辈辈逐级削减。但是任何一个人，即便是最低等的人，只要他掌握了取悦皇帝的方法，或是对这个国家做出了杰出的贡献，都可以得到一个贵族的头衔作为奖赏。通过这种方式，皇帝可以把权力牢牢掌握在自己手中，根据臣子是否努力巴结，来决定他们的升迁或是贬黜。

    整个帝国的官员数量超过三万人，他们每个人都是执法者或者主掌政府某一特定部门的公职人员。由于他们的权力来自于专制制度的主人，因此他们也会用同样残酷和压迫的方式来对待下辖的子民，最常见的方法就是通过罚金、惩戒或者任何其他借口来剥夺那些人拥有的一切。

    官员拥有在官服上刺绣花边的特权，同时还可以在官帽上点缀孔雀尾翎。他们备有两套官服，一套冬季穿着，另一套则适用于夏季。冬季官服内衬皮毛，在十月中旬前后开始使用。而后者，如图中所示，则是从四月中旬开始穿着。

    在中国，男人和女人的服装款式非常相近。人们可以通过特定的饰品来辨别彼此间的等级；而任何敢于逾权的人，都将受到严厉的惩罚。最近，有一位作家在谈到中国风俗的时候，曾描述过一个真实的事例：一位女士因为擅自佩戴黄水晶而被处以绞刑。因为黄水晶是明黄色的，这种颜色只属于神圣的皇帝和皇室成员。

    官员们的衣着款式简单而固定，主要为垂到脚面的对襟长袍。左边的衣襟上缀有小小的金质或者银质纽扣，用以固定在右襟上，纽扣的数量和种类则由佩戴者的等级所决定。衣服的袖子很宽大，由肩部一直垂到手腕，并在那里形成一个马蹄的形状，几乎完全覆盖住整个手部，只露出手指的末端。他们在腰上系着一条宽大的丝绸腰带，腰带的末端往往刺绣着花纹，并一直垂到膝盖的位置。腰带上挂着一个荷包，里面装着一把小刀和两根小木棍，这两根小木棍叫作筷子，是中国人用来代替刀叉吃饭的工具。

    在长袍的下面，是肥大的裤子，在脚踝处扎紧。夏天穿的裤子由上好的细麻布制成，而冬天则会用内衬皮毛的缎子或者丝绸。在温暖的天气里，人们会把脖子露出来。而当天气转冷的时候，会在衣服上加上一个由丝绸、貂皮或其他毛皮制成的领子。

    贵族们在冬天穿着的衣服，内衬是从东北地区运来的美丽的貂皮，或者是最好的狐皮，再以紫貂镶边。各种各样动物的毛皮都可以用来制作冬季的服装。最常见的有狗、鹿、山羊、松鼠、田鼠和家鼠的皮毛，这些毛皮通常被缝在一起，

制成长斗篷。在外人看来，这种衣服的样子着实非常奇怪。

普通人只允许穿着蓝色和黑色的衣服，他们的夏季服装通常是由纯棉布制成的。而官员们通常也穿黑色、蓝色或紫色，但可以在庆典的日子里穿上红色的绸缎衣物。

整个帝国之内，人们的发型都是统一的，这是由法律规定的。所有人的头发都被剃光，只留下头顶的一小块，这里的头发被编织成辫子，而且留得越长越好。中国的贵人们通常会在辫子里面掺杂一些假发，这样就可以把它编织得更长，几乎可以垂到地面，最后在辫子的末端系上一朵黄玫瑰。这种辫子被称为尾①，人们认为它是神圣的。在中国人看来，辫子被剥夺就意味着沉重的灾难和深深的耻辱。有些旅行家甚至坚定地认为，一名荣耀的中国绅士宁愿舍弃他的生命，也不会放弃他的辫子。

有一次，我国的一艘商船停泊在广州港外，几名见习船员趁着高级军官不在场，擅自邀请了一位中国商人上船。这些家伙用谈话吸引了商人的注意力，然后把他的辫子紧紧地绑在船索上，接着他们升起桅杆，商人被吊在了空中。然后，他们递给商人一把刀，告诉他如果不喜欢被吊在上面，可以自己用刀割断辫子下来。尽管感到非常痛苦，这位商人依然不想失去他的辫子。最后，经过不断地抱怨和哀求，他才被放了下来。当然，这些残酷的年轻流氓们还索取了大量的贿赂，并要求当场付清。

在夏季，中国官员头戴着像塔糖形状的圆锥形帽子，这种帽子由仔细剖开的藤条编制而成，经过精心打磨，内里还衬着绸缎。在帽子的顶端，他们会缀上一簇红色的丝线，丝线散开覆盖住整个帽子，并一直垂到帽檐。

官员和文人佩戴相同款式的帽子，只是内里用红色绸缎衬饰，并用一条质地最好的红色丝绸做成束带，以免帽子脱落或被风吹走。在冬季，他们另备有一顶帽子，帽檐上装饰着紫貂、水貂或者狐狸皮毛，同样配有丝绸束带。在皮毛装饰上他们非常奢侈，往往会花费 40 到 50 盎司的白银。

他们同样珍视自己的指甲，经常会放任它们长到一个夸张的长度，以此来证明自己不事劳作——他们错误地理解了尊严的意义，认为自己活得逍遥自在是理所当然的，舒服的日子全靠下人们的劳作。我们活在一个更理性的政府治下，知道真正的尊严在于尽可能地使自己变成一个有用的人，为这个世界做出我们的贡献。真正的独立则在于我们可以自力更生，而不是依赖仆人们的帮助。尾指的指甲通常会尽可能地留长，为了精心地保护指甲，人们不得不在晚上给每根手指都套上竹制指套，以免在睡眠中不小心弄断它们。

---

① 这里把辫子称为"尾"并非侮辱。在清朝初期，人们将最好的辫子叫作"金钱鼠尾"，后来还演化出"蛇尾"、"牛尾"等称谓。

胥吏
Mandarin's Officer

　　胥吏属于官员的随从人员，他们往往手持鞭子和长棍，用以维持秩序和驱散人群。

　　右侧插图中就是一名胥吏。通常，当更高级别的官员出行或者升堂审理案件的时候，会有 6 名这样的吏员在身前充作随从，负责在合适的时候宣布判决和执行惩罚。

　　从帽子上就可以辨识出这些胥吏：他们戴着高高的冠，上面装饰着 6 到 8 英尺长的羽毛，那是从一种中国常见的特殊野鸡尾部摘下的。只要有机会，他们的鞭子和棍棒就会肆意地落在周围人们的肩膀上。

贵族妇女
Lady of Rank

　　中国女性的共同特点就是中等身材，鼻子小巧，小而细长的眼睛位于鼻子的正上方，形状漂亮的嘴唇，黑色的头发，耳垂长而饱满。尽管她们拥有自然红润的肤色，但不管是年轻人还是老年人都会用胭脂来为自己的面容增色。她们不会像欧洲人那样，单独穿上百合白色和玫瑰红色的衣服，相反，她们会将这两种颜色混搭起来，从而形成如康乃馨一样明媚的风格。她们的胭脂尽管与欧洲妇女使用的不尽相同，但在皮肤上的效果是一样的，皮肤很快便会皲裂、变差。

　　在中国，拥有一双小脚被认为是美丽的必要条件。掌握这门手艺的人会走街串巷，为年幼的女孩们缠足。他们只留下大脚趾，把其他的脚趾向下弯折，用布带紧紧地绑在足底，把脚缠成一个圆润的楔形。这种绑缚会一直持续到女孩子的脚停止发育。当这种病态的形状最终定型后，整个脚的长度不会超过四到五英寸。由于缺乏运动，缠足的女性往往会变得很肥胖，她们的脚踝向前难看地绷起，鞋子只能半吊在脚上。

　　就这样，在无法自己做出决定的年纪，中国的女性就被剥夺了运动的自由和使用肢体的权利，她们几乎不能走路，哪怕最短的距离也不行。当她们尝试走路的时候，你完全可以想象到那种笨拙和痛苦。

　　看到这种野蛮的行为，有人很可能会认为中国人极度缺乏人性和常识。但是，在这世界的某些地方，同样存在着类似的残忍和致命的行为。人们使用一种强大的工具来束缚着年轻女性的身体，只为了让她们的身材变得更加娇小。那些逐渐缩紧结实的系带，会不断挤压胸部的肋骨及其他骨骼，并使得心脏和肺活动的空间变得越来越小，她们越来越衰弱，整个身体的健康都被摧毁，甚至早早逝去。或许，在这种酷刑之下，死亡也算是一种解脱。

　　上面描述的那种工具叫作束胸衣，据说有些因循守旧的人还在追捧它，这些人欣赏束胸所带来的那种圆润而纤细的畸形美，甚至不惜破坏天然的身体比例。他们贪恋这种违背自然的美丽，强迫年轻人使用胸衣，却完全罔顾很多人因此死亡的事实。中国人只是让他们的女性变跛，而这些束胸衣的爱好者们却

是在谋杀生命。

满族女性，以及那些带有满族血统的女性，和普通的汉族妇女截然不同。她们是征服者的后代，她们的祖先曾经帮助统治者登上皇位，因此有着极大的优越感，对这个臣服国家的习俗和礼仪表现出最大的不屑。为了尽可能地体现出对这种缠足时尚的蔑视，她们不仅放任自己的脚自然生长，甚至还特意穿着一种特殊的鞋子，使自己的脚看起来更大。这种鞋在脚尖处向上翻起，而脚心的部位则加上用纸板或是多层粗布胶合起来的鞋底，有一两寸厚。中国人嘲笑这些鞋子为满族舢板，因为它的确和某种笨拙的小船非常相似。

在中国，所有的女性都穿着很长的裙子，从脖子一直垂到地面，这种衣服的袖子也非常长，当她们双臂下垂的时候，能够完全覆盖住双手，这样除了脸之外，就没有人能够看见她们身体的任何部分了。

插图上画的是一位穿着夏装的贵族妇女，从她双脚的大小，可以判断她或许有着满族血统。她手里拿着的烟管是用来吸食槟榔的，这是一种生长在中国的植物，烘干后可以替代烟草。有些女性甚至在不到六七岁的时候就开始吸食，散步的时候几乎是烟不离手。

满族女性可以自由地出现在公众场合，你经常能够见到她们漫步在街头或者骑马出行。汉族女性则正好相反，她们的生活非常私密，大门不出二门不迈。中国的女性在结婚之前甚至不能和自己的丈夫见面。他不了解她的性格，甚至不认识她，只能从一些女性亲属或朋友那里略知一二。结婚以后，假如他对她的年龄或者相貌不满意的话，可以立即宣布离婚。但如果没有合法的手续，妻子离开了丈夫，他有权在任何地方拘禁她，哪怕是她父亲的家中，然后把她卖作奴隶。

劳动者的妻子有义务帮助家里耕种田地，甚至还要去拉犁，而她们的丈夫则在旁边做着一些指指点点的轻省活计。假如她的丈夫去世了，她通常会被卖掉以偿还债务，或者干脆送给男方的亲属。她们是如此贫穷，一生都在不停地工作，根本无暇妥善地照顾自己的孩子。在中国的城市里，清晨经常能够在大街上看到被遗弃的婴儿，父母趁着夜色把他们放在那里，或许是希望他们可以被仁慈的人捡到，并抚养长大。

有时候，你还会看到小孩子被绑在一个空心的瓠上（也就是我们的葫芦），漂浮在河流当中。据说这是某种宗教中对神的献祭活动，穷人们相信神明看到父母牺牲自己的孩子会非常高兴。

卖花的商贩
An Itinerant Flower-seller
▼

在中国的大型城镇中，经常能够看到小贩或者行商在沿街叫卖自己的各种商品。卖花的商贩们将鲜花放在两个扁平的篮子里，就像天平两端的秤盘，然后用一根光滑而坚韧的竹扁担平稳地挑在肩膀上。感到累了的时候，他们就会轻巧地把扁担从脖子后面滑过去，换到另一侧的肩膀上，就像你在插图里看到的那个人一样。中国的园艺师们并不以美丽或者稀有的植物为贵，他们最喜欢做的是将自然的风景微缩到方寸之间。因此，这些卖花人也贩卖微型的木本植物，甚至专门为这些受人偏爱的矮小树木配上花盆。不过，在美国的花园和温室中，最美丽而名贵的那些花卉都来自于这个国家。中国人不仅偏好橡木、云松和冷杉这些可以只长到两到三英尺高的植物，同样也培育出了许多珍稀花卉，这其中包括了很多气生植物，也就是无需土壤，只用一根丝带吊在空中，从空气中获取所有养分的植物，比如印度石竹、长春花、蔷薇等。

在所有花卉当中，中国人最喜欢芍药，也就是他们所称的牡丹。它也被称为福王、花王，或是百两金（意思是大约几百盎司的黄金），这些名称都源于它的美丽和令人咋舌的昂贵价格。一些从中国进口的牡丹植株在这里（美国）可以卖到25美元一本。有位旅行家曾经断言，在中国，已知的牡丹种类已经达到240种之多。所有这些种类的牡丹都可以在花园里进行繁育，经过适当的培植，这些花卉能够绽放出千姿百态的花朵，花期也可以从春天一直延续到秋天。

得益于马戛尔尼勋爵的贡献，我们第一次在英格兰见到了来自中国的八仙绣球牡丹，这种花很快就从英国传遍了整个欧洲和美国。栽培这种花需要大量的灌溉，每个花匠都必须仔细观察，以确定到底需要多少水才能使它保持健康。这种花那美丽的玫瑰色花瓣，绵延整个夏季的花期，以及硕大华美的花朵，都使它成为窗口或庭院里最有价值的缀饰。不幸的是，它没有任何气味，大多数

的中国观赏植物都具有同样的缺陷。

中国石竹是我们种植的唯一一种有香味的中国花卉，而翠菊、牡丹甚至美丽的山茶花，都闻不到任何的气味。

据一位旅行家说，中国人似乎对装点自己的庭院非常热衷，他们在院子里搭起天棚（那是一种精巧的框架结构建筑），上面爬满了优雅的藤蔓。他们还种植荷花（在中文中也叫作莲花），并且赋予它高于其他花卉的地位。中国的诗人称颂它的美丽，还有一些迷信的中国人则相信，它出现在神仙们的饮料中。荷花被精心地培育，生机勃勃地生长在花园中。虽然只是中国湖泊中常见的一种水生植物，和我们这里的睡莲很相似，但荷花长得更大更华丽，有些是乳白色，有些则是灿烂的玫瑰色。在中国的许多花园里，它被培植在巨大的、盛满清水的玻璃花瓶中，金色和银色的鱼畅游其间。这些花瓶被放置在几英尺高的架子上面，四周有阶梯状的台阶，上面摆放着各种其他植物，还有人造岩石陈设其间，模仿出山水田园的景观，最后再辅以微缩的房屋、花园以及小小的山间别墅。

在这样的背景之中，荷花展现出令人惊异的美。它盛放的花朵仿佛郁金香一样，或漂浮于水面上，或跃然挺立，高低错落，低垂着，弯出优雅的曲线，仿佛在俯视下面的植物。

中国人还用荷花来装饰湖泊和其他水域，甚至可以给难看和贫瘠的沼泽带来一些美丽和生机。它的果实叫莲子，大小和形状都很像橡子，只是没有底下杯状的硬壳，吃起来也是坚果的味道。它们可以生吃，也可以经过烘干后做成干果，还可以腌制成甜品。它的根茎能够长到像成年男人的手臂一样粗细，表面呈淡绿色，而里面则是白色的。中国人非常喜欢吃荷花的根茎，它可以像水果一样生食，多汁而甜美，有着清新的味道；或者像蔬菜一样放在锅中烹煮后食用。可惜它们的纤维太丰富了，欧洲人不喜欢吃。荷叶据说也可以强身健体，而莲子的表皮还可以治疗疝气和解毒。有了这么多的理由，难怪荷花可以成为中国人最喜欢的植物了。

理发师
Barber

作为一个外国人，在中国的城市里，没有什么比如此众多的理发师更能吸引你的注意力了。大街小巷中到处都能看到他们的身影，而且身边总是顾客如云。如果你了解中国的习俗，就会很容易明白为什么他们的数量如此庞大了。因为中国人习惯于将所有的头发剃光，只留下头顶的一小部分，然后编成之前提到过的辫子或者尾，而整个面部，也只留下上唇的一小撮胡须。这就造成了中国人理发的频繁性，因此必须有大量的人从事这项工作。他们还精通一种中国特有的服务，人们称之为推拿，理发师会拉伸、刮擦和揉搓你的整个身体。

以下的评论来自于一名旅行家，它是如此奇特，我必须要把它记下来。"对中国人来说，身体发肤，受之父母，没有什么比这更加重要的了，因此当他们魂归天国的时候，必须带走身体的每一部分。基于这种观点，有些人居然会古怪到将每次剪下的头发和指甲的碎屑都保存起来，只为了最终和他一起埋葬到坟墓里去"。

插图中的理发师正在路上寻找客人。他的肩膀上挑着一根竹竿，竹子的一端挂着凳箱，里面盛放着他的剃刀、剪子、水盆以及其他工具。为了保持平衡，竹竿的另一端挑着盛满水的竹盆，上面安装了带有装饰作用的杆架，还系着一条毛巾。他的手臂上挂着一个葫芦，这是用来蘸水用的，他一边走，一边在磨着他的剃刀。

月饼师傅
Confectioners

在中国，有这样一个奇怪的节日，人们在第八个月圆之夜（有时正好在 8 月）庆祝这个节日。从月亮升起直到午夜时分，全家老少会一起在大街上、公共场所和花园里游玩，或者待在房子的露台上观看某只野兔，据说，只有在那天晚上这只兔子才会出现在月亮上。在这天之前，他们会相互赠送糕点，他们称之为月饼，意思是像月亮一样的糕饼。它们被做成圆形，代表满月的形状，在饼的中心用花生、杏仁、菠萝、糖果等堆砌出兔子的形状。人们在月光下吃着月饼，富人们欣赏着悠扬的音乐，而穷人们花不起这个钱，便敲锣打鼓以示庆祝。这些月饼是由糖饼师傅制作的，在节日的前几天，他们就会在街上摆好摊位，通过摇晃拨浪鼓来吸引路人的注意，这种鼓的声音非常响亮。

一位古代的皇帝甚至建造了一座宫殿来庆祝这个节日。它矗立在一座叫作兔山或是野兔山的高岗上。

当我们读到这里，看到中国人把月球表面的斑点想象成一只野兔的时候，也许有些人会发笑。其实在我们当中，一样有着无知而荒谬的人，中国人如果看到在我们的书里，太阳和月亮上都绘着人脸，也会开心地大笑吧。虽然有些受过教育的中国人了解正确的天文学知识，但是在这个问题上他们依然坚持传统的古代迷信。

中国人无知地认为，日食和月食的出现，其实是一条巨龙正在吞噬太阳和月亮，而消失的部分就是被龙吞了进去。虽然在这种灾难发生之前，北京和其他城市的大街上都会张贴告示，写明天文学家们的测算结果，但是这些预防措施并不能阻止民众的巨大恐慌。他们在街道上奔走相告，敲锣打鼓，甚至是大大小小的锅具，只要能够发出巨大的声响，把巨龙吓跑就行。而当日食结束的时候，就意味着他们的努力成功了。

船工
Watermen
▼

　　在中国的江河、运河以及海域中，遍布着无数的小艇、驳船、竹筏等各式各样的船只。数百万的中国人居于其中，他们没有任何固定的居所，有些人甚至一辈子都没有踏上过陆地。

　　众多种类的船只当中，有一种被称为舢板，它有桅杆和帆，但它的帆不是由帆布制成的，而是一种质地优良的苇席。在中国，只有极少一部分舢板是用马来拉纤的，更多从事这项艰辛劳作的则是人。你经常会看到 20 或 30 个衣衫褴褛的穷人拖拽着一艘船向前行进，绳索从一侧肩膀绕过胸前，再从另一侧的腋下穿出。他们身体前倾，倾尽全力地向前拉动着船只。当找不到人拉纤，或者需要的人数特别众多时，政府官员会征召当地的穷人来服劳役。假如预期的船只尚未抵达，为了防止民夫逃跑，他们有时候会把这些人先关起来等上几天。有一次，英国大使来华，征调了 20 艘船，由 500 名纤夫牵引，而每个人每天只有一个先令的工钱。他们从早到晚要工作 16 个小时，期间没有任何休息、吃饭或哪怕吃点心的时间，而且其中还有一大部分是老人和男孩。生活在这个国家的人们从来没有任何受到专制压迫痛苦的想法。

　　在外国人眼中，中国人用木筏装载着木材顺流而下也是一道非常奇妙的景观。他们用拧在一起的柳条把许多小木筏连接在一起，通过这种方法，可以达到和锁链链接一样灵活的效果。手持尖篙和船桨的男人们站在船头把控方向，船上还建着棚屋，船主一家人都住在这里。到了目的地之后，这些房子会和木材一起被卖出去。孩子们被长长的绳子拴在木筏上，这样他们就可以四处玩耍，而无须担心掉出船舷外面。母亲们有时会在孩子们的脖子上系上空心的葫芦，一旦他们意外落入河中，他们的头部就可以露出水面，直到被救起。

女装裁缝
Mantua-maker
▼

在中国，女装制衣师们的职业地位远不如她们的欧洲同行。不过从另一方面来说，她们的技能相对变化较少，学起来也更快。由于衣服的样式从不改变，所以一旦学会了就可以终生受益。

从事这一行业的女性通常不得不在大街小巷中揽活，她们挎着一个篮子，里面装着工作需要的所有工具。一旦有人需要她们的服务，就会把她们叫进家中。

正如上面提到的，中国的服装样式永远不会改变。当年，中式服装的图纸曾经被送到路易十四驾前，并遵照他的旨意仿制过。那是30或40年之前的事了，可是到了现在，无论是颜色还是款式，中国人还穿着一模一样的衣服。而我们则恰恰相反，服装的潮流趋势总在不断地从一个极端变化到另一个极端，去年的衣服已经很难满足时尚人士对未来潮流的期待了。如果我们能在这方面多学学中国人的理性和庄重，该节省下多少的心思、时间和金钱啊，我们的举止又会变得多么统一和明智啊。

守夜人
Watchmen
▼

　　在中国的城市里，守夜人从晚上 9 点钟开始他的工作，一直到早上 5 点结束。中国城市的街道笔直，主干道相互交叉呈直角，沿着十字路口走到尽头就是城门。每个守夜人的职责就是从一个城门出发，沿着大街开始巡视，直到他遇到另一个守夜人，然后各自转弯，再次沿着街道继续巡查。下页插图中画的就是一个守夜人的模样。他的左手中拿着一根中空的竹筒，竹筒是用最粗的竹子制成，从 9 点钟开始，每隔半个小时，他就会用右手里像鼓槌一样的短棒敲击竹筒。竹筒会发出一种单调而空洞的声音，响声大到足以让没听过的人从睡梦中惊醒。竹筒并非都是圆柱形的，有的时候还会雕刻成鱼的形状，鱼的尾巴被守夜人拿在手里。每个守夜人还配有一个纸灯笼，上面写着他的名字，以及他所属的城门。

　　中国的灯笼有时是用细纱或油纸制成的，更常见的材质还有牛角，打磨得薄而透明，乍一看可能被误认为是玻璃。基本上，每个灯笼都有一个用牛角制成的面，镶嵌得非常精细，甚至用沸水浸润也不会漏。世界上没有任何一个国家像中国这样广泛地使用灯笼，也没人能比得上中国人在制作灯笼上的技巧、花样和精细。据说，灯笼还可以取代武器应用到军事演习当中。历史学家巴罗曾经说过，有一次，当大使和随从到达某个商埠的时候，看见许多士兵排列在岸边，随着一声令下，他们从长袍下取出一盏精致的灯笼，然后开始操演起来。

　　在中国，有一个传统节日叫灯节。在每年第一个月的月中，整个帝国的人们都会庆祝这个节日。这一天，每个城市和村庄、海边的港口、河流两岸都会挂上各种形状和大小的灯笼。哪怕是最破旧的房子，也会在庭院和窗前挂起灯笼。这个时候没有人会在乎这点钱，富人们往往会花十英镑来定制一个灯笼。有些灯笼非常巨大，用木料制成框架，上面精雕细琢或者镀上金边，外面罩着透明的丝绸，再绘以花卉、动物或人物。还有的灯笼用透明的牛角制成，再涂上明亮的天蓝色颜料。大型的灯笼里会同时放上几盏灯或者蜡烛，四角固定着丝绸的彩条，除此之外，每个大灯笼上面都有一块雕刻着奇怪花纹的木块。在灯节的时候，经常可以看到这种魔法般美丽的灯笼。

　　中国人还会制作一种 60 到 80 英尺长的蛇灯，从头到尾都缀满了灯火，这种灯饰可以做成各种不同的形式，并且能够像真正的蛇一样蜿蜒起伏。在灯节的时候，同样会展出许多这样的灯笼。

持火枪的士兵
Soldier with a Match-lock

     下页插图中有一名手持火枪的中国士兵，他穿着一条在我们看来非常奇怪的裙子。一位作家曾经这样评价说："他们那华丽的制服看起来更像是为戏剧演员设计的，而不是士兵。这些夹棉的战裙、绸缎靴子，还有扇子，和他们的职业形成了鲜明的对比。当天气很热时，他们把玩扇子的时间甚至超过了火枪。"他们的头盔居然是用纸板做的，用一根木棍做成矛的样子固定在头盔后面，上面还飘扬着两条飘带。他们的胸甲和肩甲都是用布缝制而成，里面塞满了棉花。

虎衣武士
Tiger of War

　　下页插图中的人物是一名步兵，根据他们的服装以及画在盾牌上的凶猛图案，人们把他们称作虎衣武士，也叫他们帝国防卫军中的怪物。他们的全身都包裹在黑黄条纹相间的紧身衣中。头部也用同样材质的帽子紧紧裹住，帽子上还缝了一对耳朵，以尽可能地模仿老虎的形象。据中国人自己称，画在盾牌上那狰狞的脸孔是为了恐吓敌人，使他们不战而逃。但是从外表上看，这些老虎的图案不仅不会带来恐惧，甚至可能会受到嘲笑。在操演的时候，他们会模仿各种古怪的动作，比如跳跃和腾挪，或者从彼此身上滚过去，可惜一点都不像老虎，更像小猫。

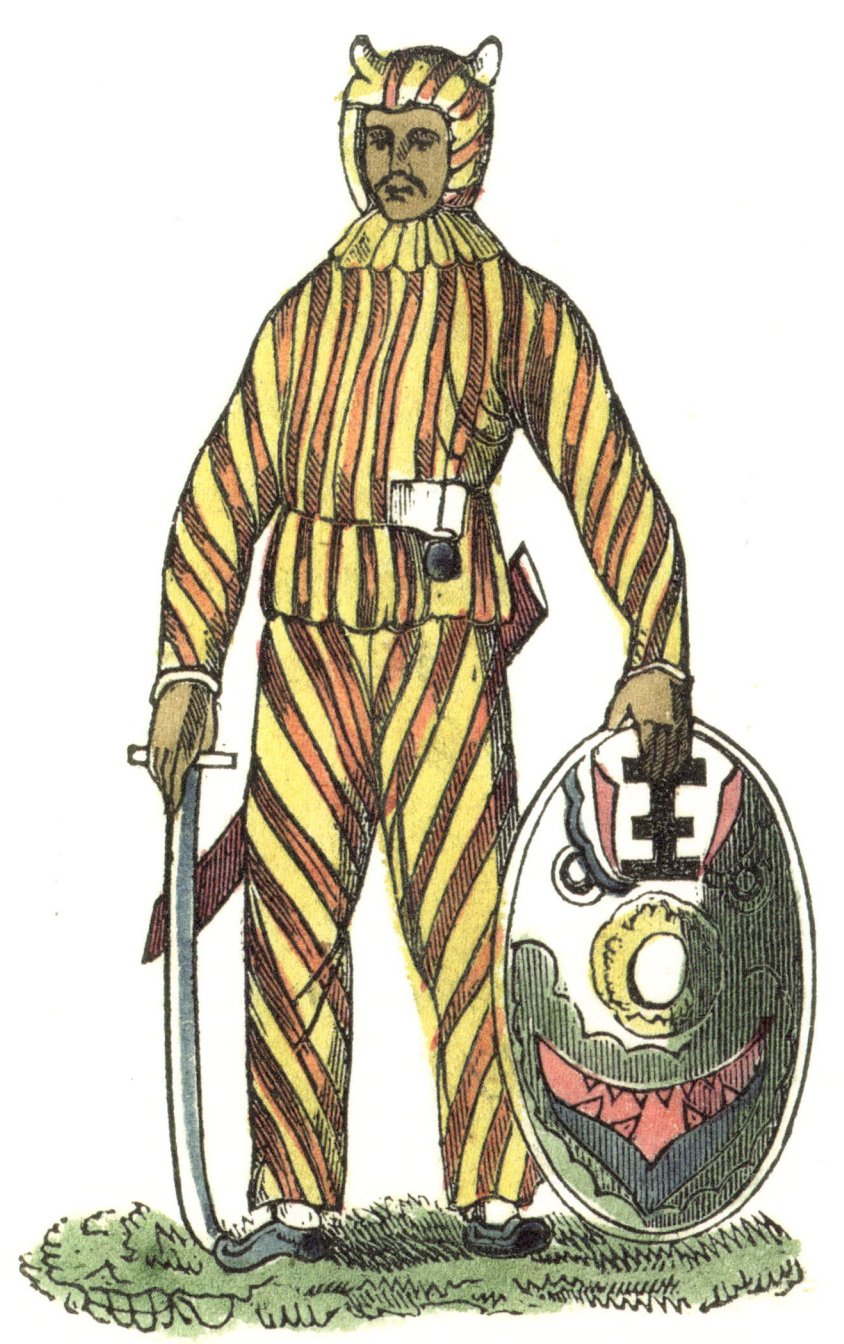

水果摊

Fruit-stall

▼

　　下页插图中画的是一名卖水果的商贩。他坐在荫凉下，头顶上是一把由灯芯草编织而成的大伞。他的摊位上覆盖着竹片，很像在这个国家到处都可以买到的竹制百叶窗，竹片的下面是一个很轻的木制框架，晚上收摊时可以拆开捆好。在摊位的上面放着一个同样轻巧的木制托盘，分门别类地摆放着不同种类的水果。他们把西瓜、菠萝或其他的大型水果切成片状，这样过路的人可以买来直接用手拿着吃，一点都不麻烦。在一本关于自然历史的书中，康熙皇帝曾经提到这样的故事："在哈密以西的地方，西瓜味甜而香美。瓜熟蒂落之时，乡农们走进田地开始采摘，他们恪守着一个准则，那就是要保持安静。一旦有人不守规矩开口说话，所有成熟的西瓜都会应声而裂，碎成一片一片的。"顺便说一句，他自己肯定是相信这种说法的，否则他也不会这么写。帝国的历史学家也承认这一说法。

打伞的商人

Tradesman with an Umbrella

　　下页插图中画的是一名中国商贩，正打着伞走在街上（这样会有些荫凉）。中国人非常偏爱伞，雨伞可能正是由这个国家的人发明的。从灯芯草到最昂贵的丝绸，伞可以由多种材料制成。伞骨一般是用竹子做的，而伞面的材料有时使用甘蔗或竹子，有时则是棕榈叶或荷叶，还有的时候甚至可以把稻草或者灯芯草捆扎在一起。图中的商人身边还挂着一顶竹帽子，但他并没有戴它，可能是因为天气很热。他身体的另一边还挂着个装烟草、鸦片或者槟榔的袋子，不知道他喜好哪一种，又买得起哪一种。他看起来有些焦虑和抑郁，毕竟，在这样一个政府的统治下，无论穷人还是富人多少都会有些这样的感觉。

狗贩子
Dog-seller
▼

　　中国人在食物的选择方面比其他国家的人要随性得多，几乎没有什么是不能吃的，哪怕在别人看来不洁的食物也无所谓。可以肯定的是，那些想吃什么就买什么的富人们，他们的食物基本会为外国人认可和接受。但是那些生活在社会底层的人，对于他们，你就很难说什么能吃，什么不能吃了。在中国的城市中，猫、狗、老鼠都会出现在商贩手中，并且卖给那些有此爱好的人。它们并不比别的动物便宜，事实上，买一只猫的钱同样可以买下一只野鸡。

　　下页插图中的这个人就是一个狗贩子，也就是卖狗肉的人。他放下带有格子的竹篮，从里面拎出即将出售的活狗，招揽主顾。从图中可以看出，这些动物是按照重量计价的，而大多数中国人对它的爱好甚至超过了鸭子。看着贩狗的人从街上走过是件非常有趣的事，因为街坊四邻的狗都会被笼子里同类的叫声引来，或者追寻着杀戮血腥的味道而来，它们成群结队地狂吠着冲向屠宰者，以至于他不得不用长棍或者鞭子才能把它们驱散。

　　虽然中国的富人们可以享用牛肉、猪肉、鸡鸭和其他禽类，以及各种各样丰富而鲜美的鱼馔，但是在所有美味当中，最受人们推崇的却是一种特殊的燕子巢穴——燕窝。燕窝在爪哇、北越和南越的海岸边上比比皆是。它们搭建在海边陡峭的悬崖上，男人们用绳索把自己从崖顶坠下来，冒着生命危险采集这种鸟巢。鸟巢的形状和大小跟半个柠檬皮一样，完全透明和品质一流的燕窝，可以与等重的白银同价。与之类似的还有鲨鱼鳍、熊爪和鹿筋，它们可以用来炖汤，然后盛在中式瓷碗里食用。

贩蛇人
Viper-seller

⏷

　　下页插图中画的是一名卖蛇的行脚商人，他的肩膀上担着一根竹竿，竹竿一头挂着一个篮子，另一头则是一个木桶。篮子里装的是瓦罐，里面盛着用蛇煮成的肉汤。而桶上则放着一个笼子，里面装着活蛇，客人们可以根据自己的喜好选择烹饪方式。

　　在中国，有几种蛇经常被用作药材或者食材，你可以见到这些爬行动物被放在竹筐、瓦缸或是陶罐中出售。商贩们的手里会拿着一块小木板，上面用汉字写着他所售商品的优点。蛇餐馆的店主们也有类似的夸耀自家蛇肉的木板。通常，他们会在木板的一面上用大而醒目的字体写着"包好"，意思是"本店绝不骗人"。

　　从事捕蛇工作的人往往胆子很大，同时也足够谨慎。当他们发现某条正在休眠的蛇之后，会把手轻轻地沿着蛇的身体向前滑动，到达头部的位置后，突然用拇指和其他手指紧紧地抓住蛇头，以防止被蛇咬到。接着，他们会迅速地用工具去除蛇的牙齿和毒囊，再把它放进腰间的一个小篓里。

　　有一种观点认为蛇以毒刺伤人，这是错误的。那些所谓的刺其实不过是舌头，有些蛇的舌头甚至是分叉的。毒液其实贮存在两个小囊中，小囊就藏在弯曲的獠牙下面，这两颗牙是中空的，就像管子一样，顶端非常锋利。当它咬到猎物的时候，毒牙会立刻刺破皮肤，同时压迫牙齿下方的毒囊，使毒液通过牙齿注入伤口当中。如果不立即采取措施治疗，毒液将快速地扩散。而一旦被除掉了尖牙和毒囊，蛇就变得完全无害了，因为它的其他牙齿小而钝，几乎无法在手指上留下痕迹。贩蛇人随身携带的小包中放着他的烟具和鸦片，只要有机会，他就会拿出来抽上几口来休息休息。在大多数的贩蛇人身上你都可以看到类似的口袋。

卖水果的商贩
Fruit-seller

　　下页插图描绘的是在中国走街串巷贩卖水果的情形。如图所示，商贩的肩膀上横担了一根竹竿，上面挑着两个篮子。图中这位小贩的篮子里盛装着不同种类的水果，有杏、西瓜、葡萄、无花果、桃子、橘子、柠檬等。其实，这类流动商贩贩卖的水果很少超过一种，通常是家里房前屋后的树上结什么就卖什么。因为贫困，他们必须用水果换取更必须也更加便宜的食物。

　　中国人很喜欢吃杏，这种水果的消耗非常庞大。在果实成熟的季节，人们会制作大量的杏脯，以备将来食用。制作杏脯，山杏的品质要好于其他品种。为了制作果脯，人们会把果肉剖成两半，从果核上剥离下来，再放在太阳下暴晒。当杏脯完全干燥之后，人们会多次地把它浸泡到果汁当中，然后压实。食用的时候，把杏脯放进水中，加蜂蜜或糖一起熬煮。最后，在水中加上一点醋或柠檬汁，就成为一款深受寻常百姓欢迎的清凉饮料。除了这种方式以外，还可以把杏制成果酱，制作的方法和我们做柑橘酱一样。中国盛产各种果树，但是这里的水果味道比不上其他大多数国家，因为他们对于栽培技法不够重视。

　　中国人会将柳树的嫩芽、某些植物的花蕾以及竹子的嫩茎当作水果来吃，口感多汁而清脆。他们还能用这些东西做出很棒的甜食，每年我们都会从中国进口这些东西，它们被盛放在罐子里，就像腌渍的生姜一样。在中国的一些省份，橡子被当作一种可食用的食物。有些品种的橡子可以生食，就像我们吃的干果一样。还有一些品种会被脱去外壳，碾成粉，然后，在经过浸泡去除苦涩的味道之后，烤成面包。

　　在蔬菜方面，中国人很喜欢吃白菜，白菜对于他们来说就像土豆对于爱尔兰人一样。在帝国的境内，到处都种植着白菜，所以中国人把它视为国菜。鉴于它的重要性，人们对于白菜的栽培也投入了更多的专注。北京城每天都会消耗大量的白菜，据一些作家说，在 10 月和 11 月间，这里的九座城门经常会被运送白菜的大车堵住。每天从早到晚，这些车辆川流不息地向城市的人们提供着冬天的贮藏。

　　插图中的这名商贩手里拿着的是一片荷花的叶子，荷花是一种水生植物，在前面关于卖花人的章节中我们已经描述过了。也许在你看来，这种叶子长得很像我们的香睡莲，不过它们形状更加巨大，直径通常可以达到三英尺，中国人经常把它当作扇子、雨伞和手巾。他们还用它代替纸张来包裹水果和其他物品。

卖鸽子的商贩
Pigeon-merchant

商贩们会把活的鸽子装进竹笼里，走街串巷地贩卖。不过他们也经常拿出几只拎在手里，展示给顾客们看，就像你在插图中看到的那样。

商贩们用布条做成一个套子，把鸽子塞进套子里，再捆住它们的双脚，除了头以外一动也不能动。就这样，鸽子被拎着四处兜售，直到有顾客把它们从囚禁中解救出来，它们才能免遭脖子被扭断的痛苦。

在众多的禽类中，中国人最喜欢吃鸭子。船工和渔夫们终身以水为生，他们的房产、家当、妻子和孩子都在水面上。除此之外，他们通常还会养上一大群鸭子。这一点都不麻烦，而且几乎不费一文，因为它们整天待在水上，完全可以靠捕食水中生物为生。夜晚时分，它们会回到各自的主人那里。虽然湖泊或河流上面混杂了数千只、分属不同船只的鸭子，但是这些鸭子非常聪明，只要其中一艘船上的主人敲打铜锣发出信号，他的鸭子会立刻与其他的同类分开，向船只游来，然后规规矩矩地爬上船去。

和很多旅行家一样，一位叫德金的法国人也曾经多次亲眼目睹过鸭子这种顺从的行为。对此，他这样解释："不同的渔船上备有不同尺寸的铜锣，发出的声音也各不一样。这些水鸟经过训练后，可以非常轻松地辨别出哪一个才是属于自己主人的锣声。"

而另外一位叫作巴罗的作家则告诉我们，这种信号是由一种哨子发出来的，鸭子们听到哨声后，会立刻服从主人的指令。

从这两段叙述我们可以推断出，不同的省份有不同的方法，但不管是口哨还是锣，效果都是一样的。

为了尽快增加鸭群的数量，中国人会用人工加热的方法来孵化鸭蛋，就像埃及人孵鸡蛋一样，只不过他们的方法更加简便，也更便宜。当收集到足够的鸭蛋后，他们会把鸭蛋一层层地码放进一个竹制的容器中，层与层之间堆上温热的泥土。在把鸭蛋堆满整个容器之后，中国人会在外面同样糊上一层厚厚的

泥土，这样，容器内始终保持着温暖的热度，有利于他们准确地把控孵化的温度。

他们同样可以精确地掌握小鸭子破壳的时间。时候一到，他们就从容器中取出鸭蛋，帮助幼鸭从蛋壳中出来，再把它们交给专门饲养的老鸭来照顾。这些老鸭会以为幼鸭是自己孵化出来的，然后开始哺育它们。

中国人会把自己喂养的许多活鸭卖掉。此外，他们还习惯把鸭子剖开，用盐腌渍并风干。旅行家们说，用这种方法制成的鸭肉，别有一番风味。这对于常年漂泊在海上的人来说至关重要，没有新鲜的肉可吃的时候，腌肉是一个不错的替代品。

中国人捕捉野鸭的方法非常巧妙，看起来也相当有趣。捕鸭人把一只大葫芦罩在头上，并紧紧地扎住，还会在葫芦上挖出几个洞。这样，当他潜入水中，或者轻轻地游动的时候，水面上只能看到一只葫芦。

野鸭们对于水面上四处漂荡的葫芦已经习以为常，它们在葫芦旁边游泳、捕猎和嬉戏，却不知道敌人就近在眼前。捕鸭人潜到足够接近的距离之后，会突然抓住鸭子的双脚，把它们拉进水中，同时拧断它们的脖子，以防它们发出叫声惊走其他野鸭。最后，捕鸭人将捕到的鸭子绑在自己的腰带上。

据一篇关于食物的文章称，中国人虽然很喜欢吃鸭子，但是当鸭子和一条肥狗同时摆上桌面的时候，人们往往会选择后者。在一座城市里，一位欧洲旅行者曾被当地的富人邀请前去参加一场盛宴。落座后，这位绅士习惯性地环顾一下桌面上的菜肴，终于松了一口气，因为他面前的那道菜看上去应该是一只烤鸭。但是，为了在吃之前使自己更加放心，他转过头去询问站在身后的一个仆人。当然，他知道那人听不懂英语，于是他指着那道菜，用一种询问的语气问道："呱呱？"仆人向他深施一礼，脸上带着庄重而满足的神情，似乎非常乐于回答这个问题，他说："汪汪。"

货郎
Pedlar

　　货郎们用一种独特的工具来展示和携带他们从别人那里贩来的鲜花和水果。他们把数根小竹棒绑在一根竖起的长棍中间，棍子的一头是尖的，这样可以插在地面上。货郎们把他贩卖的商品都挂在小竹棒上，其中包括手帕、丝带、钱包、烟草袋和其他的小物件。

儿童
Children

▼

　　在中国，孩子们拥有各种各样纸做的玩具，上面描金绘彩，在某些节日里，孩子们会用同样经过彩绘和装饰的长竹竿挑着这些玩具上街游玩。

　　下页的图画上，两个孩子带着纸玩具早晨出门游玩。

　　在这种场合中，富人们的孩子会相互攀比，看看谁的玩具更大更华丽。但是不管这些玩具多么值钱，它们的寿命只有一天，在散去前，孩子们会相互撞击彼此的玩具，直到完全弄坏为止。就算竹竿纠缠在一起，也会被折成几段。据旅行者们说，最后一个嬉戏的孩子离去之后，街道上到处都是镀金的碎片、彩绘的纸屑以及其他的玩具残骸。

鸬鹚捕鱼人
Fishing Cormorant

　　自然赋予中国浩瀚的河流和无以计数的溪流。这个国家盛产各种鱼类，其中一些只出产于中国的水域，而且比其他国家常见的任何鱼都更美味。中国人特别喜欢其中一种鱼，它大约重 40 磅，身上有硬鳞，因此被叫作青甲鱼，或盔甲鱼。据从中国回来的传教士们说，这种鱼肉质细白，味道像小牛肉一样。

　　还有一种非常美味的鱼，当地人管它叫作花鱼，但其实它是白色的。在一些地方，这种鱼的产量极丰，有时候一网下去，就能捞到四百磅。

　　还有黄鱼，也叫大黄鱼，有时可以长到八磅大小，同样十分受人欢迎。

　　由于对鱼的需求量非常大，因此中国人除了利用渔网和鱼钩捕鱼之外，还想出了另外几种巧妙的办法。其中之一就是训练和使用鸬鹚去捕鱼，这种鸟也叫中国鱼鹰，与遍及整个欧洲海岸线的鸬鹚有很大的区别。

　　在野生的状态下，这些大鸟会聚集在鱼群附近。它们围成一个大圈，把鱼群困在中间，然后逐渐收紧包围圈。这时，一些鸟疯狂地用翅膀拍打水面，而另外一些则潜到水下，把受到惊吓的鱼群赶到岸边的浅水区。到了那里，就是它们享受丰收盛宴的时候了。

　　鸬鹚对鱼的喜爱是尽人皆知的，它们具有非凡的食量，一群鸬鹚可以很快地吃光整个鱼塘里所有的鱼。

　　在英格兰，人们也曾经训练过鸬鹚捕鱼，就像现在中国人做的一样。它们生活在室内，受到精心的饲养，而外出捕鱼的时候，人们会在它们的脖子上系上一根绳子，以防止它们把捕到的鱼吞进肚子。

　　中国的渔民一般会带上 10 到 12 只鸬鹚，事先不给它们东西吃。人和鸬鹚一起站在小船或者竹筏上，就像下页插图中画的一样。日出时分，河流里就会出现许多这样的小船，鸬鹚就伫立在船头。它们训练有素，很少会看到有哪一只从主人身边飞走。

　　经过训练，它们可以用猎隼捕猎的方式来捕鱼。

　　渔夫们会用一支船桨拍打水面，听到这个信号，鸬鹚立即跃入水中，尽可能多地吞下小鱼。然后它们立刻会带着大量的渔获返回船上。

　　为了防止小鱼被吞进入胃里，渔夫也会在鸬鹚的脖子上套上一个环，用来约束它那细长而柔韧性极好的食道。

　　为了让它把吞下的鱼吐出来，渔夫会把鸬鹚头朝下拎起来，用手去捋它的

脖子。

有些鸬鹚被训练得很好，以至于不需要套上颈环，它们会诚实地把猎物如数交给主人。主人心满意足之后，会允许它们吃掉剩下的一部分鱼。

当鱼过大而一只鸬鹚无法捕获的时候，这些聪明的鸟会相互帮忙。一只叼住鱼头，另一只则叼住鱼尾，配合着把鱼送到主人那里。

在中国，还有另外一种独特而巧妙的捕鱼方式。人们在一块木板上涂上白色的油漆，再把它钉在渔船的一端，使木板与水面形成一个斜坡，较低的一端插进水里。这种捕鱼方法通常在夜间使用，月光照射在木板上，会让上面的油漆更加明亮。而游过的鱼会因此错把木板当作水面，尽力向它跃去，结果跌进船舱或木板上。为了防止跳到木板上的鱼再落回水里，渔夫会站在旁边，手持一种方形的渔网，熟练地接住它们。

士兵们也有自己捕鱼的方式，那就是用弓箭射鱼。他们会把箭矢用一根绳子系在弓上，这样当捕到鱼后，可以把它拉出水面。还有人会用长柄的三股叉去捕获隐藏在水底淤泥之中的大鱼。

商贩们把鱼放在扁平的盆中出售，用一根竹竿挑在肩膀上，和贩卖鲜花和水果的方式是一样的。如果鱼是活着的，水盆中会装满水。如果是死的，则放在冰块上保鲜。这些都会大大增加鱼贩的负担，但奇怪的是，中国人似乎从未想过用独轮车或手推车来解放自己的肩膀。

虽然鱼是最多产的动物，但勤劳的中国人还是找到了进一步增加它们数量的方法。

他们用一种神奇的方法来孵化鱼卵，同时保护它们免受天敌的侵袭，否则这些天敌会吃掉河流和鱼塘里百分之九十九的鱼卵。

中国的渔夫会仔细地从水塘底部收集某种胶状物质，那里面满是鱼卵，而当他们积攒下足够数量之后，会钻开一个鸡蛋，倒出里面的蛋液，再用鱼卵填满蛋壳。在小心翼翼地将蛋壳上的小洞堵住后，它们把这枚假鸡蛋放在孵卵的家禽身下。几天之后，经验告诉他们，是时候打破蛋壳了。在一盆被阳光晒得温暖的水中，鱼苗很快就被孵化了出来。它们会被放在水盆中饲养一段时间，每天投喂食料，直到长大到可以被放回水塘中。这些水塘就像是幼鱼的庇护所，里面种植了许多的荷花，可以保护它们不被更大的鱼吃掉，因为那些大鱼在荷花的根系间寸步难行。

逸闻、掌故及其他
Anecdotes

　　除了上文描述过的，还有一些中国人的特点和行为举止，在我们选择的插图中没有涉猎。为此我们单独留出这一节，尽可能地为读者提供一幅中华民族的完整图像。

　　和那些让我们看不惯的嗜好和习惯一样，中国人对孝道也有着自己独特的理解。这种孝道是由官方推行和倡导的，他们的行为在我们看来也略显夸张，但它毕竟是一种美德的具体表现，值得我们钦佩和尊重。

　　帝国颁布的所有律法都强调了父母的权威，以及子女对父母的绝对服从。父亲拥有决定其后代生死的权力。由于法律的默许，许多人在因贫困而无力养家的时候，会选择遗弃自己的孩子，哪怕他们会就此死去。与之相反的是，法律没有规定父母有养育子女的责任，却要求孩子们在父母老去时必须尽到赡养的义务，而那些世代流传下来的传统也莫不如此。

　　"这种无条件的服从和恭顺是很正常的"，一位中国作家说，"每个孩子在这个问题上必须感到责无旁贷，不仅是责任，对父母的关爱应该是发自内心的。想想你的母亲吧，是什么占据了她的全部身心？难道不是她的孩子吗？只有看到他的微笑，她才会感到快乐；听到他的哭声，她会马上跑来查明原因。如果他病了，她会非常悲伤。假如他看上去很冷，她会立刻抱住他。如果他饿了，她立刻过来喂食。当他蹒跚学步的时候，她会牵着他的手。她为自己的宝贝尽心尽力地操劳，再苦再累也毫无怨言。如果她有任何好吃的东西，她都会和他分享，只要一个微笑就是对她最好的报答。简而言之，没有什么能够比得上母亲对子女的感情了。所以毫不夸张地说，孩子付出再多也无法报答父母的养育之恩。因此子女们必须认识到父母的好，不能违背父母的意愿，一定要尽其所能地孝敬父母。"

　　中国的作家们记录下了大量精彩的孝道故事。这其中很多是真实的，也有一些是虚构的，或者真假莫辨。下面我们挑选了几个已经被证明是真实的故事。

　　在汉王朝的时候，有一个叫黄香的男孩，他九岁的时候就失去了自己的母亲，这让他悲痛欲绝。在从痛苦的打击中恢复过来后，他加倍珍视仍然健在的父亲，似乎这样可以弥补自己的遗憾。夏天，他会长时间地用扇子扇凉父亲的枕席。冬天，他就用自己的体温为父亲暖被子。镇上的官员得知他的事情之后，下令为他立碑，以表彰其孝行，同时号召其他人向他学习。

王伟元（王裒）的母亲去世后，他在坟墓旁的小屋里守孝三年，并作诗来悼念自己的母亲。这些诗被精心地保存了下来，并作为亲情的表率而被大量引用。三年期满后，他搬回到日常的住处，但是对母亲的感情却丝毫没有减弱。他的母亲生前非常害怕雷电，当暴风雨来临的时候，她总是希望自己的儿子能陪伴左右。因此，每次遇到打雷的天气，他都会立刻赶到母亲的墓地，用深情的语气说："母亲，我在这里。"仿佛她能够听到一样。

有一个叫谢景的富人，几乎试遍了所有的方法来治疗自己患病的母亲，可是却徒劳无功。最后，一个庸医，或者是某个愚蠢而迷信的人告诉他，这种病无药可医，除非可以吃到新鲜的人肉。他没有片刻的犹豫，立即从自己的大腿上切下一块肉，经过一番烹煮后献给自己的母亲，这样她就不会看出是什么肉了。可惜老人已经去日无多，面对端到面前的肉也无法品尝了。她去世后，善良的谢景悲痛万分，觉得了无生趣。不过，就算到了生命的最后一刻，他也会为自己为挽救母亲生命而作出的牺牲感到安慰吧。

青年妇女唐氏有一位年老体弱的婆婆，老人的嘴里只剩下一颗牙齿，饮食非常困难。唐氏夫人除了像照顾孩子一样地伺候婆婆起居之外，还会做一些柔软而有营养的食物给老人吃。她觉得白天给婆婆喂几次饭还不够，夜里也要起床给她增加一些营养。简而言之，她用所有的爱和温情来照顾婆婆，就像母亲照顾自己的孩子一样。这份孝道让老人多活了很多年。在去世之前，老人把所有的亲戚召集在一起，当着大家的面把唐氏的孝行都说了出来，感谢她所付出的善良和关怀，并给予她所有的祝福。老人流着泪恳求她的家人要尊重她的儿媳，当她老去的时候也要同样赡养她。

杨香，一个15岁的女孩，有一次在田地里帮助自己的父亲干活，这时一只老虎突然从旁边的灌木丛中冲出来，将杨香的父亲扑倒在地，打算吃掉他。对父亲的孝心使这个可怜的女孩勇气倍增。她拔出父亲腰带上系着的一把刀，开始攻击老虎，并幸运地在老虎伤害父亲之前砍伤了它。虽然她被那个可怕的动物抓得遍体鳞伤，但是她一心要救自己的父亲，根本没有注意到自己的伤口，直到她的父亲看到后她才意识到受了伤。

有一位中国的年轻人，他的母亲是个盲人。有一天他听别人说，只要用舌头舔舐双眼，人们就可以恢复视力，于是他立刻决定这样治疗自己的母亲。从早到晚，只要有时间，他就会舔舐母亲的眼睛，即便暂时没有任何效果也从不间断。两年的时间过去了，不知是这种治疗方法真的见了效，还是老天被他的不屈不挠所感动，他的母亲突然恢复了视力。

在唐朝的时候，有一个名叫卢崇道的人犯了重罪被关进监狱。后来，他想办法逃了出来，并请求他的朋友陆南金帮忙躲避搜捕。在陆南金的协助下，他逃到了一个安全的地方。可是事情败露了，陆南金被抓了起来，并准备接受审判。这个时候，陆南金的弟弟来投案自首了。"是我藏匿了那名逃犯，"他对法官说，"所以，要死的人是我，而不是我的兄长。"可是另一边，陆南金也宣称他才是有罪的人，与自己的弟弟完全无关。

法官在审判的时候巧妙地盘问了陆南金的弟弟，不断挑出他陈述中前后矛盾的地方，最终迫使他承认，自己是在善意地欺骗。"唉！"弟弟说，"我这么做是有原因的。母亲去世很久了，但是我们一直没有钱为她立一块墓碑。另外，我们还有一个待字闺中的妹妹，她也需要家人的照应。而我还太年幼，无法像兄长一样独立处理这些重要的事情，所以我死总好过兄长去死。请您接受我的证言吧。"法官听后深受感动。他把这个兄弟亲恭和睦的事例上奏给皇帝，最终皇帝赦免了陆南金。

还一个叫侯仑（音）的人，自从他的父亲去世后，他就一直陷入深深的悲痛当中，不过他并未因此而忽略对母亲的感情。一天晚上，一个强盗闯入他的家，侯仑没有阻止他的劫掠，只是在看到强盗要拿走最后一枚铜板的时候说道："请行行好，把它留下吧，我明天早上还要用它为母亲准备早餐。"

强盗感到很羞愧，不仅放下了铜板，还把之前抢走的东西都归还给他。他说："抢劫一个孝子会给我带来厄运的，我不该这样做。"强盗还告诉他，今天的经历会帮助自己远离邪路，重新意识到自己的责任。他家里也有一位老母亲，他要像侯仑一样，多照顾自己的母亲。

下面的故事，虽然听起来有点像虚构的，但是它具有非常鲜明的特点，所以很有必要说一说。

有一个四十多岁的男人，他的母亲脾气很不好，经常会狠狠地揍他一顿，而他只是默默地忍耐着。有一天，他的一位朋友非常惊奇地发现，他在挨打之后伤心地哭泣。"怎么回事，"朋友说，"你为什么这样悲伤？""唉！"这个男人回答说，"今天母亲打我的力道只有以往的一半。天可怜见！这说明她的筋力已衰，我真害怕会很快失去她。"

在中国的文学作品中，或是欧洲传教士讲述的故事里，这样的事例数不胜数。两千年来，在中国出版的关于孝道的书籍，可以装满一座巨大的图书馆。通过收集整理这样的事例，中国的作家们不仅希望引发同辈和后世人们对孝道的崇拜和模仿，还想让子女们深刻地牢记自己对父母的责任。在中国，无论是国家的法律还是传统的风俗习惯，都在很多方面规定了子女对父母的言行礼仪，比如以下这些：

子女们被禁止更改他们的父辈的姓氏。根据中国的传统，更改姓氏是对祖先极不尊重的行为。

儿子在出门之前必须告知他的父亲，回来后也要向父亲问安。

在父母面前，子女不能提到年迈或者疾病等话题，就算他们的父母可能还在壮年，远没有走到生命的尽头。

父母健在的时候，子女绝对不能为别人穿重孝。而假如他们的父亲在为其他亲属穿孝，子女们必须放弃任何礼乐活动。

如果父亲或母亲正在生病，子女们不仅不能欣赏音乐，还要取消其他一切消遣娱乐，服饰也必须要朴素。

如果一位中国的父亲对成年的儿子下达了一条命令，但儿子认为这个命令是不公平和不合理的，他有权利反对三次。假如父亲仍然坚持的话，那么儿子的回答只能是："我服从。"

父子一起出门的时候，儿子必须走在父亲的后面。

每天早晨公鸡啼叫的时候，也就是破晓时分，儿子必须端着水为他的父亲和母亲洗手，并服侍他们更衣。

儿子结婚后，假如他的妻子不容于他的父母，那么他必须离婚，并把妻子遣送回岳父的家里。

就算是皇帝本人也不能免除尽孝道的义务。他有责任通过自己的权力来满足母亲的要求。现在我们已经知道这种权力会带来些什么后果了。

然而，即便是那些为这种孝悌歌功颂德的传教士们也承认，一旦这种美德被滥用，过犹不及。在中国，父亲的仇恨必须由儿子继承，儿子要为父亲的死亡复仇。假如他也死在了敌人的手里，那么这份仇恨和争端就将由他的下一代继续承担，一辈又一辈，没有任何和平解决的希望。

在中国人看来，这没有什么好奇怪的，违反孝道被他们视为最严重的罪行，必须得到严惩。因此，抢劫自己的亲属会被处以更加严厉的惩罚。弟弟或者侄子，如果侵占了本应属于其他长辈的遗产，也是极其严重的罪行。

出言顶撞自己的父母、祖父母、叔伯或兄长，哪怕说的是正确的，也要被打一百板子，流放三年 。而一旦涉及诽谤，就要受到死亡的惩罚。

不尊重自己的父母或者祖父母，会被判处打一百板子。

对上述亲属进行言语侮辱的话，会被判处绞刑。假如有殴打情节的，则会被斩首。而对于任何敢于重伤或者使长辈致残的人，他的肉会被用烧红的铁钳从骨头扯下来，最终碎尸万段。

辱骂自己兄长的人会被打一百板子，并且流放。

子女对父母的孝道不仅局限于他们活着的时候，在逝去之后也是如此。过去，守孝需要持续三年的时间，现在已经缩短到了 27 个月。在此期间，一个人不能出任任何公职或是从事任何公共事务。官员们在哀悼期内必须辞去所有的职务，除非皇帝命令他缩短这段哀期，才能继续从事他们的工作。

在守孝的最初几个月，人们要穿着由未染色的粗布或麻布制成的衣服，帽子所用的材质也是一样的，而腰带则是红色的。第二阶段，衣服和鞋帽都要用白色的布料。第三阶段则可以穿上丝绸的衣服，但是鞋子或靴子必须用蓝色的布料制成。

葬礼要办得风风光光，甚至为了尽到这最后的责任，一家人花光逝者留下的所有遗产也并不罕见。当子女们无力为父母办一场体面的葬礼时，他们通常会将棺木停放好几年。为此棺椁必须做得结实而轻便，并且刷上一层厚厚的油漆，以防止有害的气体蒸腾并散发出来。

中国人最喜欢做的一件事就是为自己准备好棺材，好让自己没有后顾之忧，尽管这样做的代价往往是巨大的。事实上，穷人可能会为此花光毕生的积蓄，富人们也会毫不犹豫地一掷千金。据说，甚至有人为了给父亲置办棺椁而卖身为奴，因为这是他能为父亲奉上的最后的礼物。有时候，花费巨大代价置下的棺材，可能会在家里闲置将近 20 年，但是中国人依然认为这是自己家里最珍贵的摆设。

中国人会把亲人的遗体停放在专门搭起的大棚中，直到下葬为止。有的时候他们会把棚子拆掉，运送到很远的地方，存放在祖先的墓园中。

当亲友们前来为死者吊唁时，守灵的妇女和儿童就会开始长时间凄凉地号哭。然后一位亲属会把客人引领到另外一个房间里，奉上茶水和点心。出殡的时候，送葬队伍由乐手领头，紧随其后的人手里拿着象征逝者品格和尊严的旗帜，还有各种动物、人偶、白色和蓝色的飘带，以及盛放香料的盘子。棺椁上面罩着华盖，由 20 个人抬着。后面跟着僧侣或牧师，再后面紧跟着逝者的子女。长子身披麻布，手里拄着棍子，以示因为过于悲伤疲惫和饮食不周而无法走路。其他的子女和亲属们则穿着粗布的孝服跟在后面。接下来是坐在车轿中的妇女们，她们抽泣、哽咽和号哭着，不过事实证明这些悲伤都是假装的，因为她们的恸哭总是保持着相同的间隙，甚至连哭泣的声调都是一模一样的。

在中国，墓园通常坐落在距离城镇很远的高岗上，周围栽种着柏树。

人们认为死者应该被埋葬在一个风水上佳的位置，并且相信这会在某种程度上决定家族的繁荣昌盛。他们深信，假如父辈的坟墓风水不好，往往会给子孙们带来贫困和不幸，这样的话就必须立刻把他的遗体迁葬到一个更为有利和适合的地方。

根据死者的地位和财富的不同，坟墓的样式也分为很多种。穷人的棺材被放置在茅棚下，上面覆盖着浓密的茅草，或埋进一个用砖垒成的小坟包里。相比之下，富人的坟墓则建造得气派得多。不过那些最为奢华和典雅的坟墓只属于官员和贵族们。

首先，要挖一个墓穴来存放棺椁。在墓穴上方，还要垒起一个类似金字塔形状的坟丘，大约 12 英尺高，直径为 10 英尺，并捶打结实。在坚硬的土层上面，再铺上一层用石灰和沙子混合而成的石膏状物质，以使整个墓葬更加结实和耐用。等到砂浆半干后，还会在外表刻上文辞华美的浮雕文字，中国人非常擅长于此。

在坟丘之前会放置一张长方形的白色大理石桌，中间摆放着香炉，以及做工精细的烛台。

棺材下葬时，那些用纸扎制而成的人偶、马匹、服装等都要在坟前烧掉。中国人坚信，逝者会在另一个世界收到并且用上这些东西。

从前，在帝王和政要的葬礼上，除了要烧掉纸人纸马，还要陪葬活生生的奴隶，有些人甚至连自己的妻子都不放过。

不久之前，就在 17 世纪中叶，清王朝的开创者顺治皇帝，就曾经为自己最宠爱的妃子活殉了 30 个奴隶。

如果逝者是一位帝国的贵族，那么就需要有一定数量的亲戚为之守墓，时间为一个月或者更长。他们住在专门搭建的席棚里，每天和逝者的子女们在一起，在固定的时间为逝者哀哭不已。

葬礼仪式的奢华程度取决于逝者的财富和地位，以及家人们的意愿。

乾隆皇帝的一个兄弟去世后，有16000人参加了他的葬礼，在仪式上，每个人都被分配了特定的任务。

对已故祖先的尊敬并不仅限于葬礼和哀悼的仪式，还包括每年两次的祭拜活动，其中一次在春季，另一次在秋季。秋祭活动在专门的场所里举行。这栋神圣的建筑被称为祠堂，通常对家族的所有成员开放，无论贫富贵贱都一视同仁。祠堂的独特之处在于它的内部装饰，一面横贯整个大厅的大理石长桌依墙而立。石桌上面雕刻了这个家族所有已逝者的名字，无论男人、女人和儿童，还有他们的年龄、死亡日期，以及他们生前的职业和成就。当家族里面出了一位帝国官员，或是某个领域杰出的人才，他们会把这个人的灵位放在桌子的中间。

在九月的某个特定日子里，家族当中的所有成员，不管身处什么地方，都会赶回到这间祠堂里来。参加祭拜的人数常常能够达到七八千人。尽管他们的财富、身份和地位千差万别，但是在祖先的祠堂中都是平等的。年龄是唯一的标准，年纪最长的人地位也最尊崇，即使他是家族里最贫穷的。

在这样的场合里，富人们唯一享有的特权就是要出钱为全族人提供娱乐活动。这场大戏会在祠堂内进行。长桌向两边排开，仿佛那些逝者依然活着，没有人会去触碰他们的飨祭、水果和酒品。祭祀结束后，所有人走出祠堂，大门被严密地锁上，供品依旧陈列在石桌上，直到第二年祭拜之前，都不会再有人来动它们。

春季祭拜在四月中旬举行，不管距离多么遥远，中国人都会来到先祖的陵墓之前。他们清理掉坟墓上长出的杂草和灌木，重复葬礼的仪式，并在墓前摆放上酒水和各种祭品。

这些祭品通常会被加入毒药，以防止它们被流浪汉偷走，这些人可能是帝国里面唯一敢去和死者共享祭品的人。他们或是触犯了法律，或者只是被冤枉的，但无一例外都失去了家族的庇护（以及他们的社会地位）。对于他们来说，这远比成为一名罪犯本身还要不幸，他们的生活将从此变得万分艰辛。因为中国人具有极强的家庭观念，当这些罪人被家族公开除名之后，连曾经最亲近的朋友都会对他们敬而远之。他们被禁止进入祭祖的祠堂，甚至不能被埋葬在祖坟当中。没有人会和他交往，也没有人再去理会他们的死活。这些人只能带着耻辱，隐居在树林深处那些最荒僻的地方，他们通常会变成强盗，或者以死人的祭品为生，而后者被认为是比抢劫还要严重的罪行。

中国刑罚

PUNISHMENTS OF CHINA

[英]乔治·亨利·梅森 著

前言
Preface

　　中国刑法法典的编纂方式是每一种罪名都有相对应的量刑，后续的插图将展示一系列的刑罚。

　　中国立法的智慧最显著地体现在对强盗的处置方法上。如果罪犯没有使用或携带任何攻击性武器，就不会仅仅因为抢夺了他人的财产而被判处死刑。如此睿智的法令减少了抢劫的发生。大胆的犯法者要顾虑到选择保护自己生命的方式，如果遇到抵抗，避免影响受害者的生命，通常抢劫会变成偷窃。因此，抢劫杀人的案件很少发生。中国法律中的公正、温和以及智慧，使得宣判使用死刑的法令、屈打成招的习惯相形见绌。

　　除了本书中涉及，许多作者还提到过其他更为严峻的刑罚，中国人用这些酷刑来处置那些犯有弑君罪、杀亲罪、叛乱、叛国或煽动叛乱的罪犯。但是用图画或者哪怕语言来描述这些酷刑都会引起情绪上的不适，并使人认为我们是在诋毁被公认为节制和智慧的中国政府。

　　本书除猎奇性和知识性外，还体现出了这片土地带给人们的安全感。在这里，他们可以免受长时间痛苦的折磨；在这里，一个人的清白，不以他精神或肉体上所能承受的痛苦来衡量；在这里，暴政、狂热或混乱不会肆意展现出魔鬼般的残暴；在这里，死刑只是作为维护社会稳定的必要方式，用于阻止居心叵测之人侵害同类，阻止犯罪者一错再错。为了达到这些目的，他们公开执行死刑。在英国，死刑以富于同情心的人们所能接受的最迅速和最不血腥的方式执行，观看受刑者的痛苦进一步展现出人性的胆大无畏。

西洋镜

清代风俗人物图鉴

一个地方官面前的犯人

A Culprit before a Magistrate

在中国，官员每天早晚都要在府衙内升堂审案，这已经成为一种习俗。师爷或者书办，以及手拿铁链和板子的下级衙役侍立在两旁。起诉人或者是告密者站在官员右手边，官员前面的桌子上铺着绸布，上面放着书写的工具，以供师爷记下口供和辩护词。供词用黑笔书写，犯人用红笔签名，然后盖上红色的印章。桌子上放着红头签，盛放在一个敞开的签筒里，出现下面这种情况，可能会用到它们：犯人罪行轻微，官员当庭判罚，然后释放他。这种情况下，通常是打犯人板子，我们可以通过官员扔到地上的签子数目来推断打多少板子，一根签子代表5大板。审讯期间，犯人一直是跪伏在地上，等候判决。开始行刑的时候，衙役就会像接下来的某张图中一样抓起犯人。官员扔出令签之后，就会谈些其他事情，喝口茶或者抽口烟。

一些无关紧要的小罪过，诸如：酗酒、诈骗、吵闹、斗殴、偷窃、傲慢无礼、无视上级，地方官有权随即作出判罚，但若涉及重大案情时，则需要5到6人组成审判组共同审理，他们不仅要听取详细的案情信息，还会细致入微地审查控告者的性格与态度。

人命关天。为了避免出现冤案，在中国一旦涉及死刑的指控，审理过程一般会很漫长。除非被判处死刑，并且经过皇帝批准，否则，任何犯人都不能处死。

被押往监狱的犯人
A Culprit Conveyed to Prison

　　如图所示，犯人脖子上系着锁链，如果他不想往前走的话，衙役就会牵动锁链，强迫他前行。

要被审判的犯人
A Culprit Conducted to Trial

　　犯人反绑着双手，前面有一个衙役鸣锣开道，以此来吸引民众围观。犯人身后还跟着两个衙役，其中一个衙役手持藤条，确保犯人沿途始终抬起脑袋，犯人的脑袋两侧，分别插着一只红色的小旗子，这使得他更引人注目。

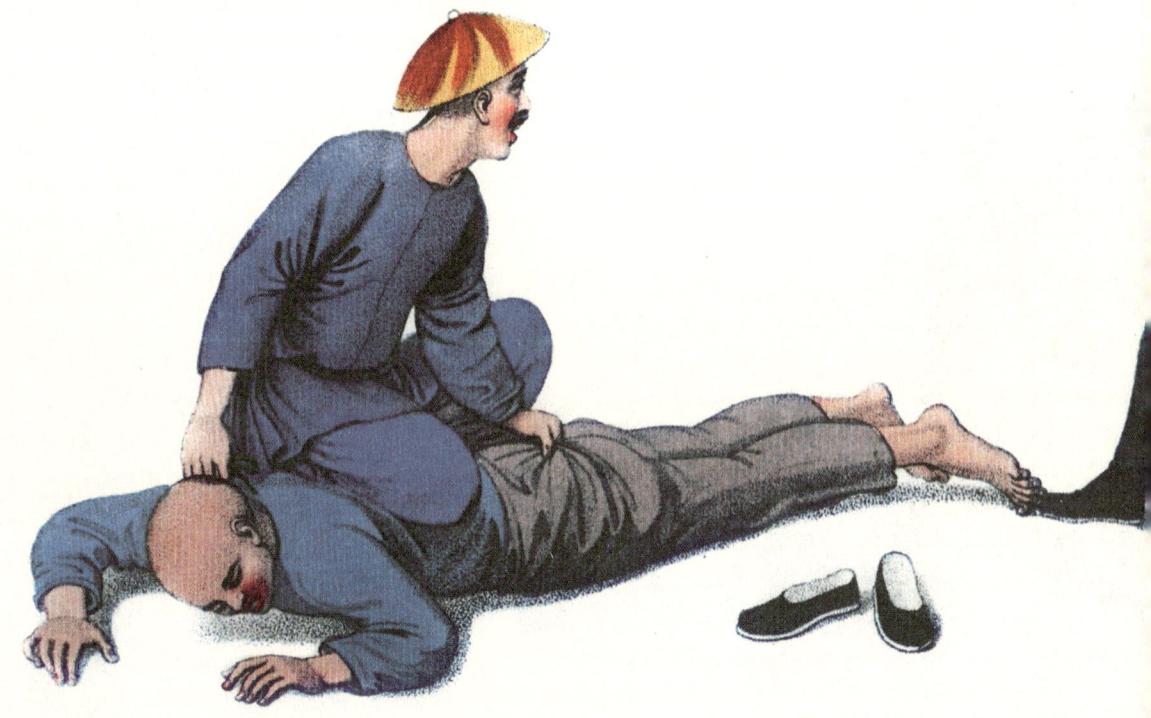

要被打板子的犯人
An Offender Undergoing the Bastinade

　　犯人趴在地上，一个衙役跪在他身上，将他紧紧地按住，另外一个衙役用板子抽打他的臀部。

　　板子是一种厚竹片，底端宽约 4 英寸，顶端小而平滑，便于双手持握。每当官员外出旅行或者置身公众场合时，随行队伍里总会有几个手持板子的衙役，他们严阵以待，随时可以执行官员交付的任务。按照习惯，挨完板子之后，受刑者还要向官员致谢，感激他对自己的惩戒。

中国刑罚

拧耳朵
Twisting a Man's Ears

▼

　　两个衙役紧紧地抓住犯人，判决要求他们拧犯人的耳朵以示薄惩。这一过程犯人会很疼。

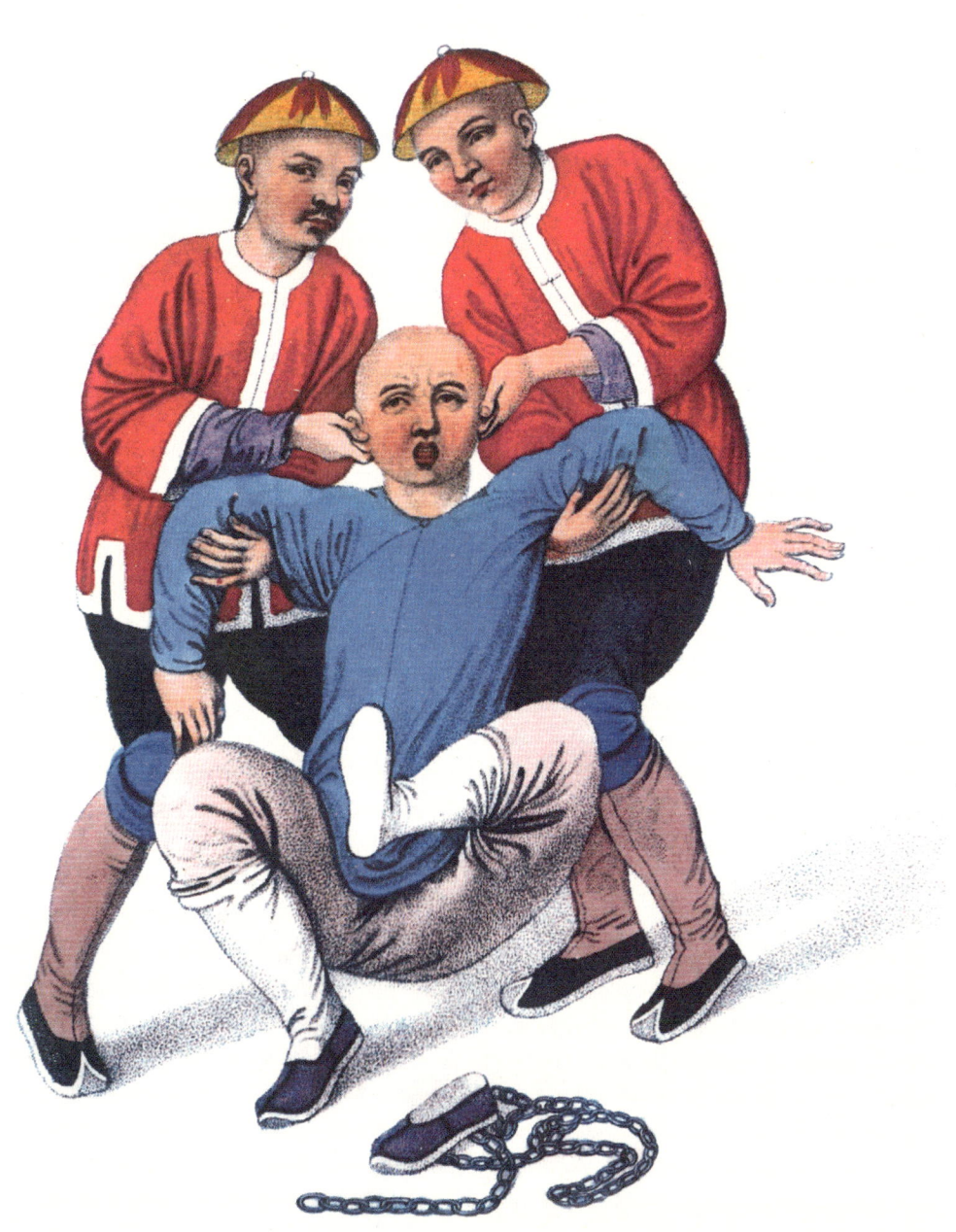

悬吊

Punishment of the Swing

▼

　　犯人被捆绑住双肩与脚踝，悬挂在半空中，非常痛苦。在场的两个衙役隔一段时间就会把一根竹子架在犯人胸前，这样会稍微减轻他的痛苦。他们准备好了笔墨纸砚，时刻准备记录下犯人的口供。悬吊和前面的拧耳朵，惩罚对象主要是那些从事商业欺诈、偷税漏税以及其他非法贸易的商人。

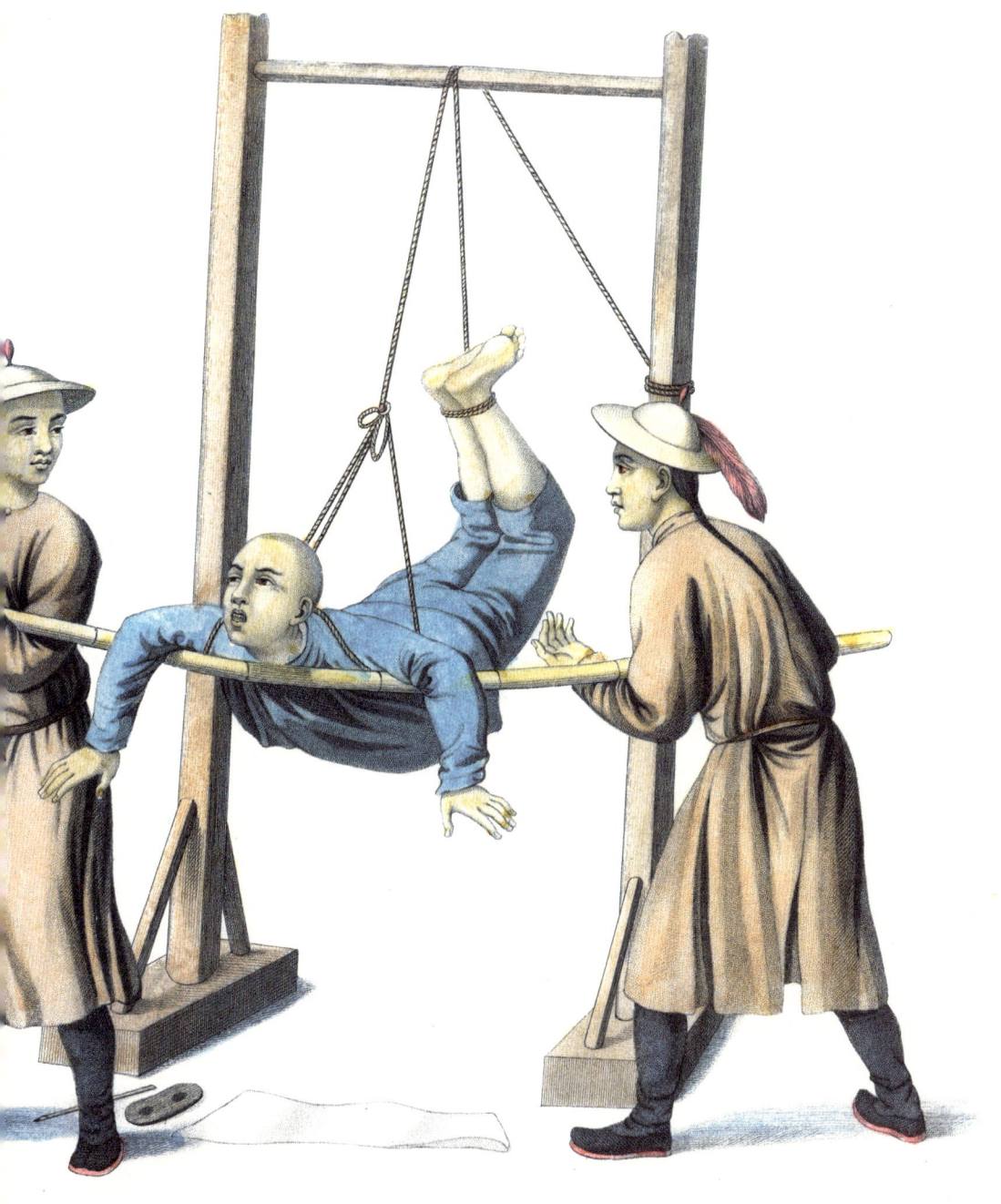

惩罚船夫
Punishing a Boatman

　　这种惩罚专用于船夫，在英国，船夫也被称为水手。犯人已经被定罪，被迫下跪。一个衙役站在犯人身后防止他后退，另一个衙役抓住他的辫子，用厚皮革制成的双层拍子抽打几下他的两颊。

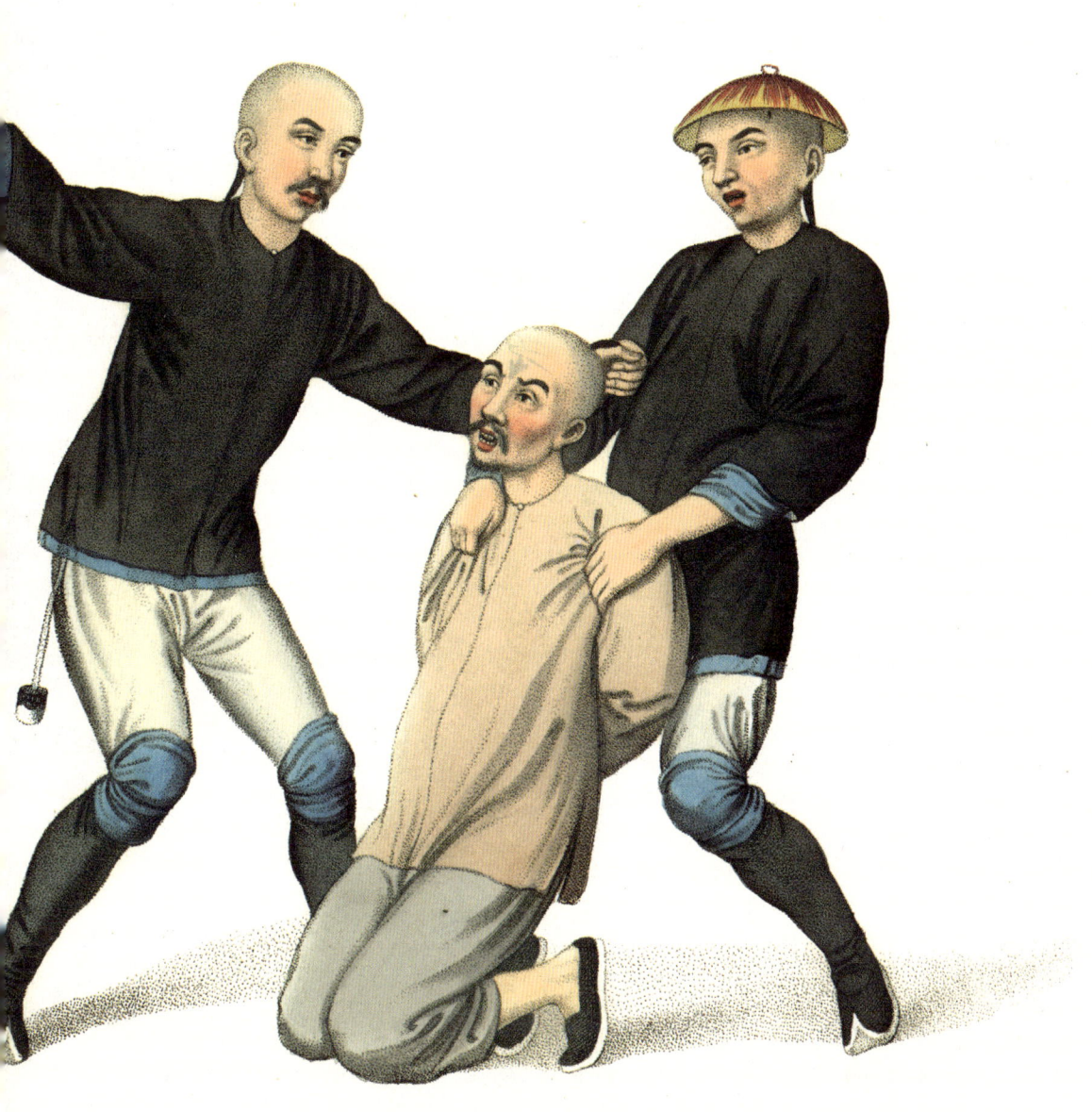

惩罚翻译
Punishing an Interpreter
▼

在犯人膝关节处放上一根大竹杖，两个衙役分别站在竹杖两端，他们互相靠近，便会增加犯人的痛苦，他们拉开距离，便可减轻犯人的痛苦。如果译者故意把翻译搞错，一经查明，便会被施以这种刑罚。

夹棍
The Rack

　　这种恐怖而残忍的刑具并非欧洲天主教国家所特有，它同样适用于中国，目的在于逼迫犯人认罪。图中展示了如何用它折磨犯人的踝关节。刑具主体是一块厚重结实的木板，一端用来锁住犯人的双手，另一端是一种双层木钳。台钳由三个结实的立柱组成，其中两个立柱绑在一块木砧上，但是可以移动。犯人的踝关节被放进立柱间，立柱上缠绕着一条麻绳，两个衙役紧紧地扯住绳子的两端。然后中间的施刑者逐渐将一个楔子打进立柱间的空隙，不时地改变方向。立柱上端的距离增大，下端挤向那根固定在木板的立柱上，借此挤压受刑者的踝关节。如果犯人是无辜的，拒不认罪；或者犯人是个亡命之徒，死不悔改，那么刑具会越夹越紧，使得他踝骨碎裂，血肉模糊。

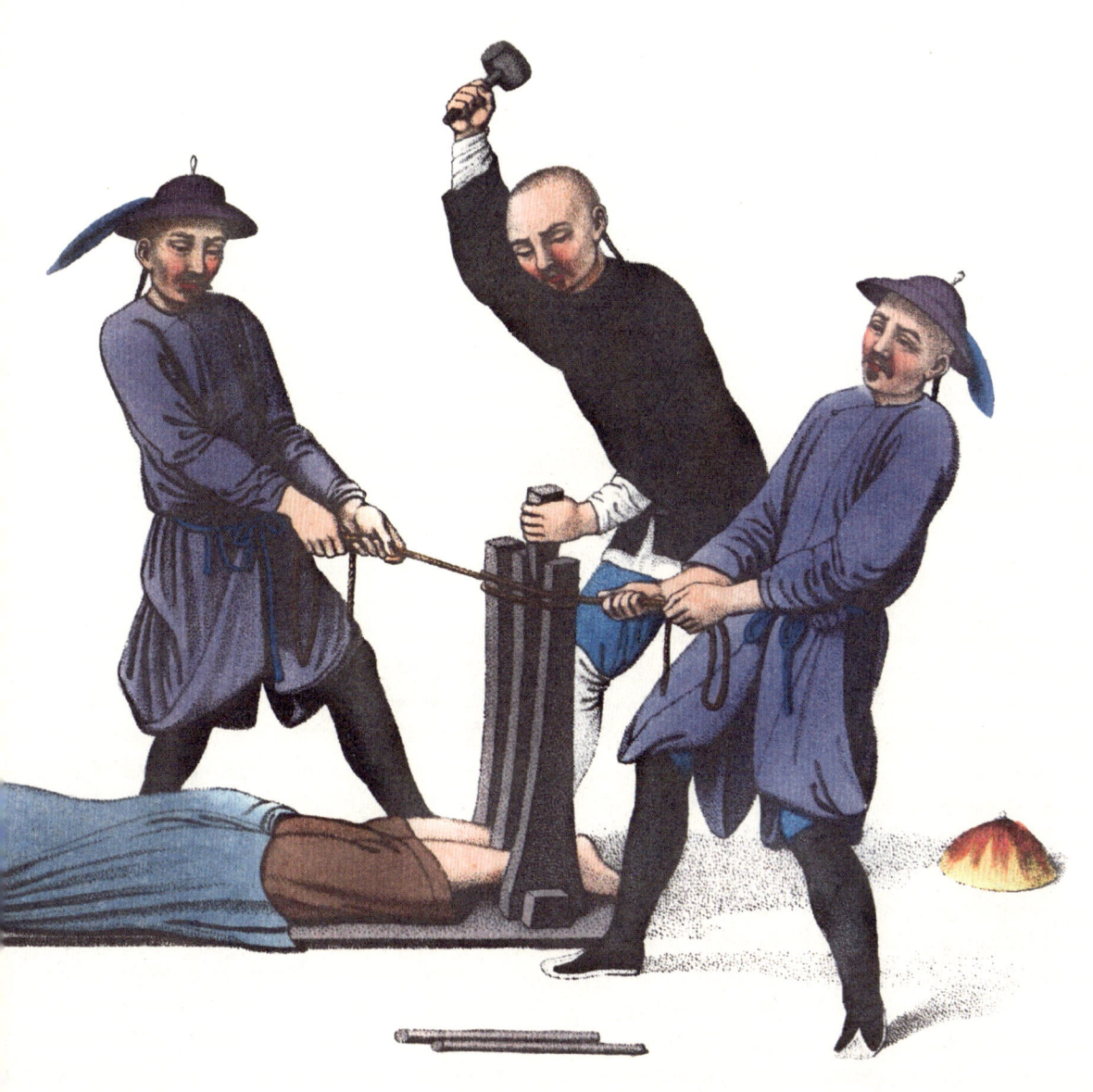

夹手指
Torturing the Fingers

　　把木块放入手指之间，然后拉紧拴在木块上的绳子，这种刑罚主要施用于不守妇道的女性。

　　世界上没有任何一个国家比中国人更看重体面，中国人习惯于维护自己端庄和自制的忠贞形象，淫乱这种负面行为非常罕见。体面的人思想自然不会愚昧，举止也不会粗俗。因此，中国人相比其他民族心智更为健全，他们以教育和修养使自己优于别人。中国人在任何情况下都习惯举止端庄。他们不会将得体的语言扭曲出不纯洁的含义，非常无礼的表达只能从社会渣滓的口中听到，并且有可能马上受到严厉的法律惩戒。

中国刑罚

石灰灼眼

Burning a Man's Eyes with Lime

把少量的生石灰放进棉布包里，紧紧地贴在犯人眼睛上。

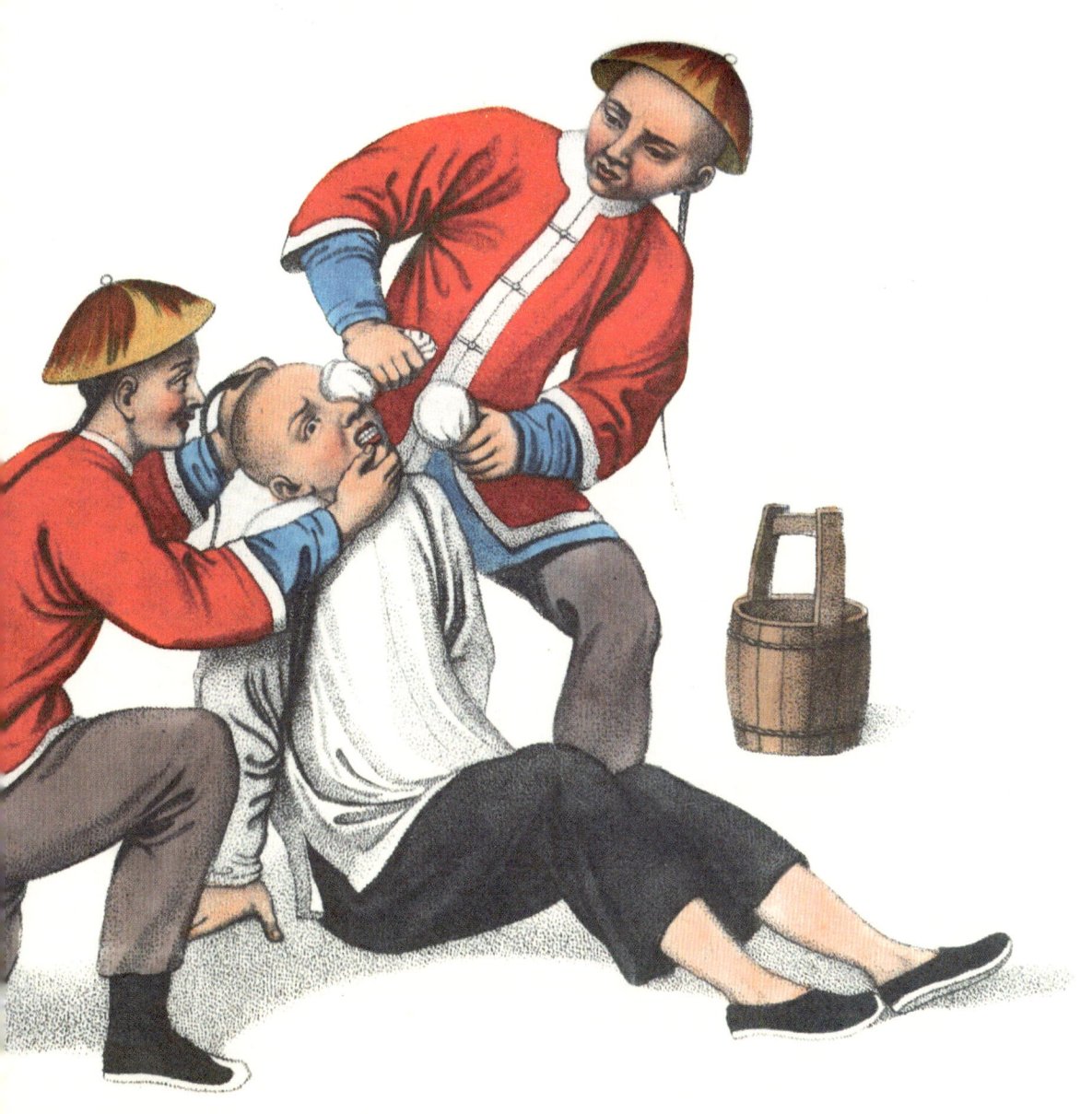

被链条拴在一根铁柱上的犯人

A Malefactor Chained to an Iron Bar

　　犯人的脖子上套着一个大铁环，差不多有肩膀那么宽。他脚上戴着脚镣，一些链条将脚镣和铁环拴在一根铁柱上，铁柱大约比犯人高半码。当犯人移动时，拴在铁柱上的链条会随之滑动。犯人也可以坐在与镣铐相连的小厚木板上。铁柱的顶端拴着一个小木牌，上面写着犯人的名字和所犯的罪行。

戴木枷的刑罚
Punishment of the Wooden Collar

这是一种令罪犯深感耻辱的刑罚。木枷由厚重的木板组合而成，木板中间有个洞，可以容纳犯人的脖子。戴上这个木枷之后，犯人既看不到自己的脚，手也够不到自己的嘴。他无法在任何地方长时间停留，得不到足够的休息。犯人一天到晚戴着木枷，木枷有轻有重，这个要根据罪行的性质和犯人的力气来定。普通的木枷有五六十磅重，但也有两百余磅的重枷。戴枷的犯人要忍受巨大的痛苦，在羞耻、疼痛、饥饿以及无法休息等折磨之下，很多人因此而死亡。

不过，犯人还是找到了各种方法来减轻刑罚。他们与亲属、朋友同行，让后者支撑木枷的边角以防止它压迫肩膀。把木枷搁在桌子上、长凳上或者靠在树上。或者如图所示，造一把特殊的椅子，椅子上竖起四根等高的木柱来支撑木枷。在地方官判决之前，嫌疑人就被会戴上沉重的木枷。木枷四周连接处贴着长长的纸条。纸条上写着犯人姓名、罪行、相应处罚的期限，字体非常醒目。纸条上也盖着封印，这是为了防止有人打开木枷。抢劫犯一般会处以三个月的枷刑，诽谤、赌博或者寻衅滋事者一般是数周，而那些无力偿还的欠债者有时也会戴上木枷，直到还清债务。

必须有地方官在场，刑满的犯人才能去掉木枷。地方官一般还会下令抽打犯人几板子，告诫他以后要奉公守法，最后才释放他。

图中左下角有盆和勺子，人们正是用这些餐具给犯人喂饭。

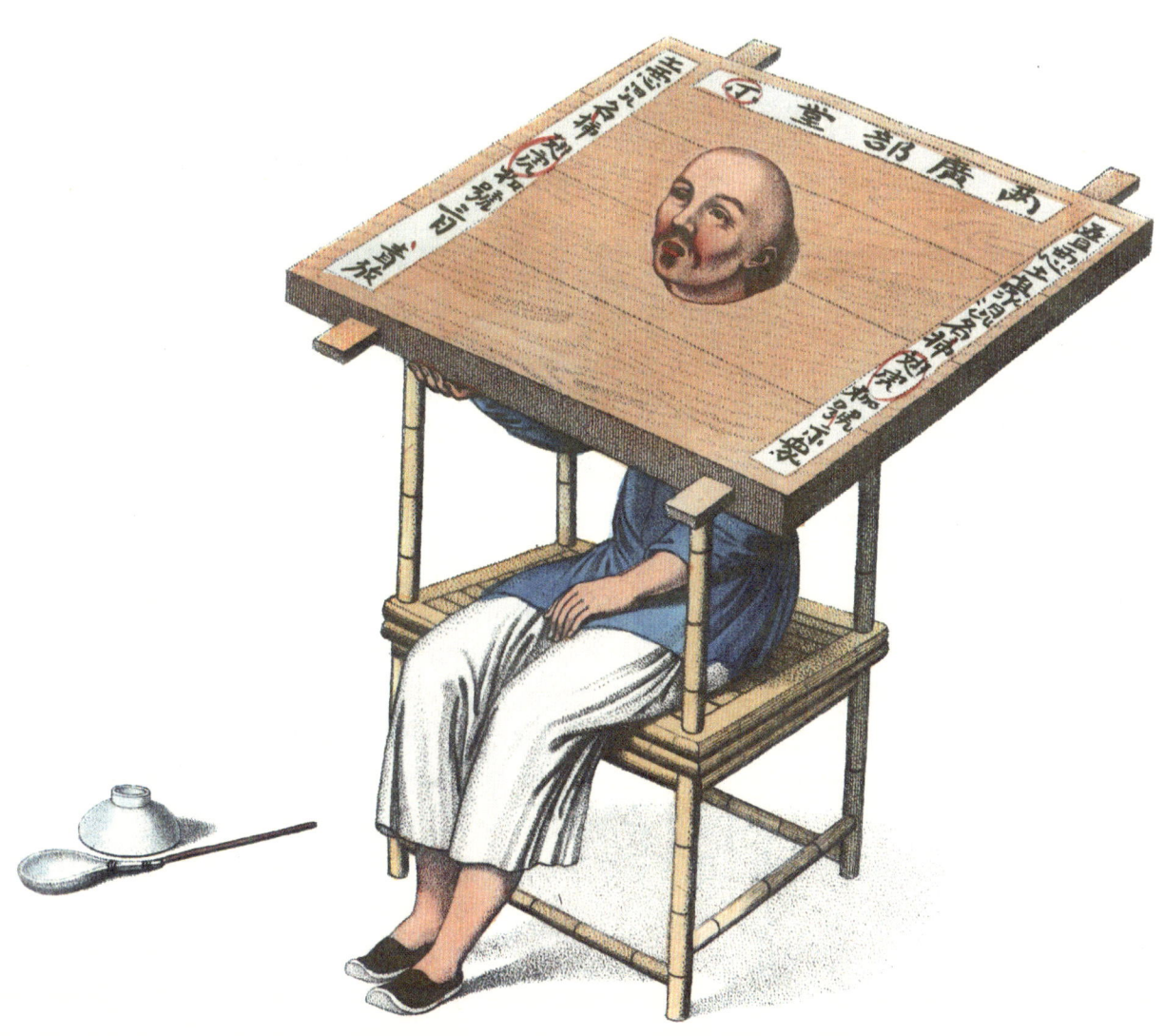

拴在一个大原木上的犯人

A Man Fastened to a Block of Wood

▼

沉重的方形原木一角拴着一条大铁环，铁环上系着一条笨重的铁链，铁链在犯人的脖子上绕了一圈，然后被挂锁锁在一起，垂在犯人胸前。

关在牢笼里的犯人

A Malefactor in a Cage

　　这个犯人从脖子到脚脖被一个铁链紧紧拴住，脚脖处还有一根铁链绕着木笼一角的立柱，木笼的进口处有两个可移动的横木。这两个横木被一个穿过一些 U 形钉的铁栓固定住，再加一个挂锁防止横木滑动。笼中有一块厚木板供囚犯坐卧。

拴在一个木筒子上的刑罚
Punishment of a Wooden Tube

　　准备一根一人多高、粗大的竹子，竹筒中空，中间可以穿过粗大的铁链子。铁链一端铆在一个桩子上，另一端缠在犯人的脖子上，并用挂锁锁住。犯人双腿之间也拴着铁链。

挑断一个犯人的脚筋

Hamstringing a Malefactor

如果犯人试图逃跑，则会被施以图中的刑罚。旁边的桶里放着一种敷在伤口、用来止血的砂浆。据说，这种刑罚近期已经被废除了，立法部门认为寻求自由是人的自然天性，因此，这种刑罚过于严厉了。

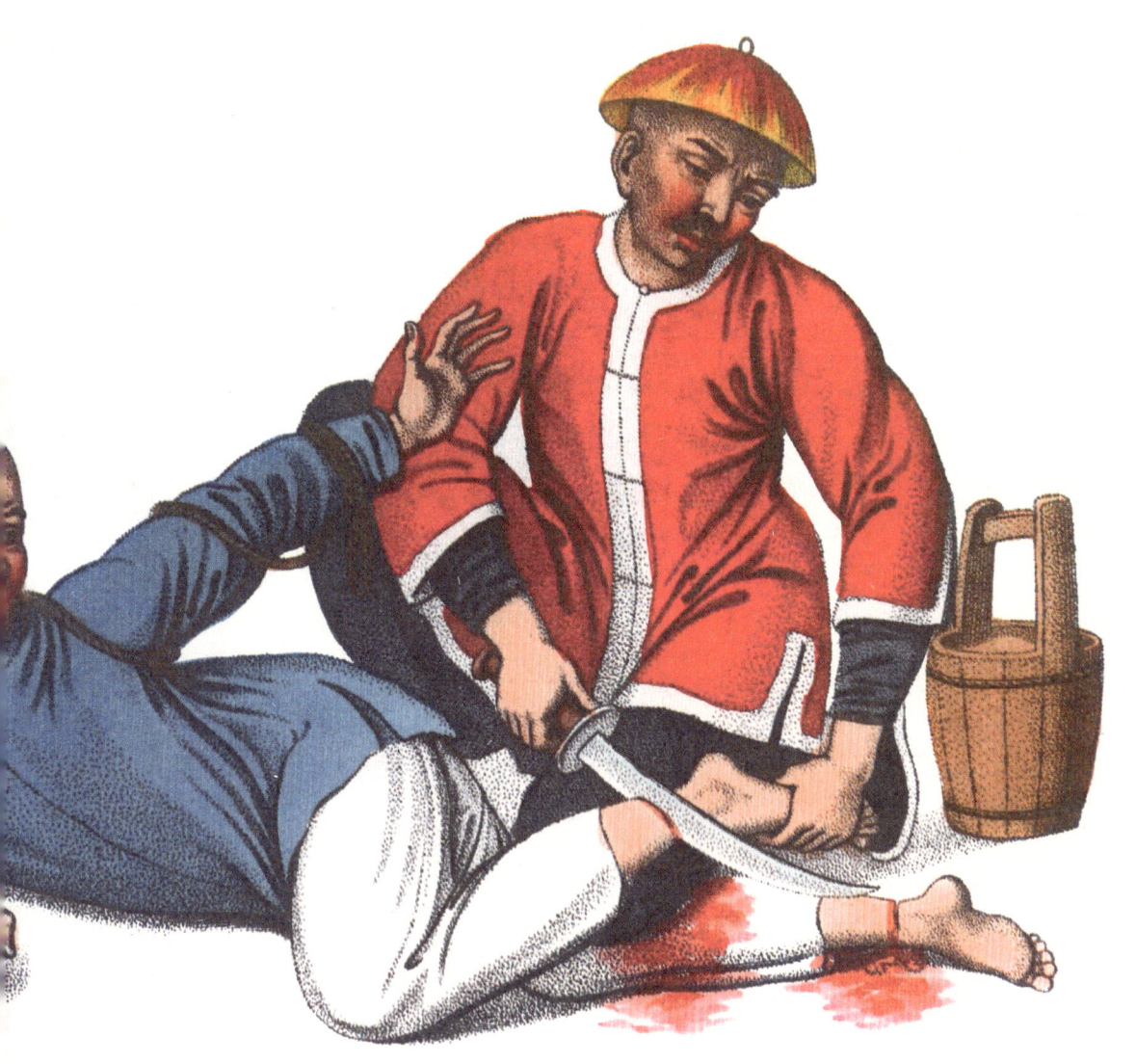

严格人身限制
Close Confinement

    犯人浑身上下捆得结结实实，平躺在床架上，头下枕着一块木头。犯人双手戴着手镣，双腿戴着脚镣，脖子被用链条拴在床柱上，链条上挂着两把锁。

    插图看上去应该是 87 页笼中刑罚的一部分。

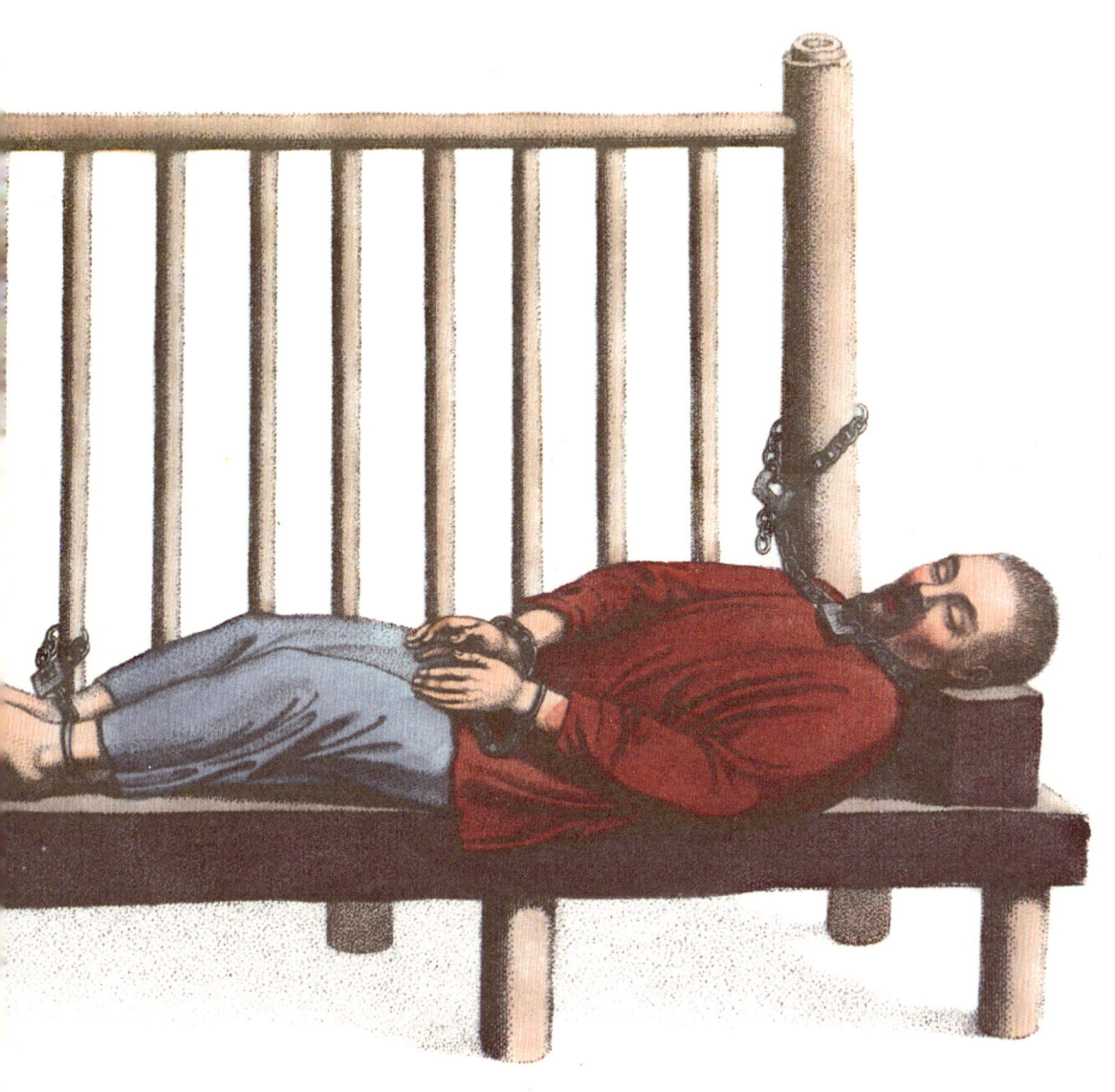

押送一个犯人流放外地

Conducting an Offender into Banishment

　　如图所示，犯人正在衙役的看管下前往流放之地。他随身携带了一床席子和一片遮雨的棕榈叶。犯人的背上清清楚楚地写明了他的罪行、处罚以及他的名字。

　　流放适用于那些殴打兄长的人、无力偿还赌债的赌徒以及众多不适宜继续留在原籍的犯罪分子。

　　一些流放在偏远省份的犯人，刑满之后可以返回原籍，但若是被流放到东北满族发源地区，那就意味着终生流放。

被执行死刑的犯人

A Malefactor Conducted to Execution

▼

　　犯人戴着脚镣，如果他肆意辱骂，煽动大众，嘴巴也会被堵住。他被反绑着双手，背上竖着一块木牌，上面写着他的名字、他所犯的罪行和对他的判决。如果他不愿往前走，下层衙役就会把他推到行刑处。

绞刑

中国常见的死刑包括绞刑和斩首。前者最为常见，适用于那些犯有第二等重罪的犯人。比如说，蓄意杀人或者过失杀人，欺骗政府，诱奸已婚或未婚女性，辱骂双亲，挖坟掘墓，持械抢劫，佩戴珠宝等。中国的立法者对佩戴珠宝之人施加如此重的刑罚，动机何在？目前我们尚不得而知。这一说法见诸几位作家的书中，具体解释还是留给未来的评论家吧。

有些时候，他们会选择用弓弦勒死犯人。但通常情况下，他们用绳子把犯人绑在十字架上，绳子的一头缠在犯人的脖子上，行刑时由强壮的行刑者拉紧绳子。

身份尊贵的人会被绞死，这是一种体面的死法。当一个清朝官员被判处死刑，为了表示皇恩浩荡，皇帝会赐给罪人一束黄绫，令他自缢。

斩首
The Manner of Beheading

　　斩首是令犯人感到最为耻辱的刑罚，只适用于那些政府认定为罪大恶极的罪行：诸如私下密谋、公开行刺，以及任何反对皇帝本人和危害皇室成员生命安全的行为。造反、叛乱、殴打父母，以及其他有悖伦理纲常的罪行。犯人跪在地上，他背后的罪行牌也被摘下，刽子手双手抡起大刀，熟练地砍掉犯人的脑袋。刽子手和中国的大部分低级衙役一样，都是根据粗俗的陋习，从军队中挑选出来的。没有国家像中国一样，把刽子手这一职业看作最为低贱的执法人员。斩首被中国人视为最可耻的一种死法，因为脑袋是身体的重要部分，尸首异处，无法完整地安葬，对不起生养自己的父母。一个清朝高官，如果他犯下暴行，也会像最卑贱的老百姓一样被砍掉脑袋。脑袋被砍掉后，通常还要吊挂在通衢大道旁的大树上，尸体被扔进沟渠。法律认为被斩首的罪犯无须按照常规的丧葬仪式来安葬。

　　如果罪人犯下的是第一等的罪行，当判决呈递给皇帝批准时，皇帝会要求马上砍掉他的脑袋。一般性质的罪行，皇帝则会要求先将犯人关押起来，待到秋天再执行死刑，他们会选定秋天的某个特殊日子处死犯人。

　　绝大多数情况下，签署一个臣民的死亡执行令之前，中国的皇帝都要和刑部的官员商议，在不触犯现行帝国法规的前提下，是否可以赦免他。而在一段时间的斋戒之后，皇帝才会签署执行令。当今皇帝陛下认为，在他的治下大清帝国富足安康，在此太平盛世，他也无需高举正义之剑惩治自己的臣民。

环行世界 中国风俗

VOYAGE AUTOUR DU MONDE EN CHINE MOEURS & COUTUMES

中国人属于黄种人或蒙古人种。

他们的外貌特征是：颧骨突出，上嘴唇稍凸，扁鼻，鼻孔宽大，眼睛细长，胡须不发达，黑色头发，前面光头，后面留着一条辫子。

中国人中等身高。

中国的富人常喝热饮，不爱锻炼，因而偏胖，穷人则不然。富人家的女性往往会缠足，这种野蛮的方式使得她们的脚严重变形，以至于无法行走，穷苦的妇女一般不缠足。

卖饭的小贩
Restaurateur Ambulant

　　小贩的食摊简洁轻便，非常适合平民百姓。顾客多是工匠和各类体力劳动者，这些人要求不高，只要分量足，哪怕饭是凉的，他们也会心满意足。米饭是当地人的主食，卖饭的人也很擅长煮米饭。

盲人乞丐
Mendiants Aveugles

中国并不禁止乞讨，相反，乞讨还受到当地政府的保护。每座城市中都有这么一条街，街上随处可见各式各样、或真或假的残疾人在向路人行乞。

最常见的是失明的二胡艺人，有时也会出现一个独眼的艺人带着五六个双眼失明的艺人一块儿演奏的盛景。

他们把弓弦绑在衣服上，以免丢失。

猎户

Marchand de Gibier

　　图中猎户肩上挑着打来的猎物，脚步沉重，这说明中国人不单以米饭为生。

　　事实上，我们可以在中国上层社会家庭的餐桌上发现几乎所有我们西方人食用的肉类。我们绝对不会想着去吃蟾蜍、老鼠这一类有害的动物。不过，烹饪技巧高超的中国人却可以把它们加工成美味。他们会把这些肉剁得很碎，否则不易消化。

　　他们还会吃猫肉和狗肉，这在中国一点儿也不稀奇。

　　他们拿燕窝、鱼翅煮汤，用蓖麻油烩蚕。更令人惊奇的是，他们通过添加一种神奇的佐料，从而把蜘蛛也做成了食物。不过，普通百姓从来不吃这些东西，因此，他们的生活也更轻松、从容。

家庭用餐
Repas en Famille

　　普通百姓家吃饭时，往往是全家男女老幼围坐在一起，每个人都可以单手熟练地使用筷子从各自的碗里夹米饭。他们吃饭不用刀叉。

　　他们日常的饮食很差，餐桌上很少能看到猪肉，蚕豆、蔬菜和水果对他们来说都算是奢侈。不过，他们会在一起吃饭，这种现象绝对不会出现在富人家里。富人家中，女人总是低人一等，她们单独用餐。

僧侣
Groupe de Bonzes

　　虽说祖先崇拜是中国人基本的宗教信仰，但是在这个国家里，还存在着另外三种优秀的宗教：儒教（中国的国教，这是文人士大夫的信仰）、道教（源自老子的道家学说）、佛教。

　　我们平常所说的僧侣指的是佛教僧侣。他们剃光头发，身穿宽袖的长袍，以此区别于一般的中国人。

　　图中僧侣的行为完全激发不起人们虔诚的信仰。这些僧侣只知手持佛珠、锣钹以及各式法器，在佛像前诵经，完全没发现他们的信徒越来越少。在这里，藏传佛教的仪式越来越盛行，传统印度式的仪式日渐减少。

流动的鞋匠
Savetiers Ambulants

　　中国大部分的手工业者都会在街头找活干。这些鞋匠两三个人一起，分工合作，一个补鞋，一个招揽生意，这和我们国家的情形一样。

　　他们收入菲薄，每周只能挣 18 到 20 法郎，因此，一旦没有了顾客，他们往往就会饿肚子。好在他们没有太多的欲望，不会感到十分不幸。他们身体健康，精神状态良好。

中国女织工
Tisseuse Chinoise

　　如图所示，正是在这种简陋的织布机上，中国人织出了粗棉布，也织出了令行家叹为观止的精美丝绸。男性往往更擅长操作这些织布机，广州的男织工技艺精湛，远近闻名。不过，女性也经常操作这些机器。

　　这种织机不好连接线头，也不好搭配颜色，织工们因此练就了高超的技艺。广州男织工的技艺神乎其神，只要客人需要，无论是什么样式，他们都能完美地呈现出来。

刑具
La Cangue

　　在中国，木枷是一种很常见的刑具。它由两块木板组成，中间挖空，正好卡住受刑者的脖子。木枷解放了看守人员，使得他们在看护犯人之余，还可以做其他的事情。

　　木枷一般都很重，有些甚至重达 100 公斤，如果看守想要饿死一个犯人，就会给他戴上这种重枷。有些木枷上有两到三个洞，这种木枷更轻，适用于罪行轻微的犯人（有时长达两个月）。

　　犯人早上戴上这种耻辱的刑具，从监牢中出发，开始游街示众，直到天黑才能回监牢，真是十分可怜。由于没有善良的人施舍给他们食物，他们往往饥肠辘辘，即便得到些食物，也是困难重重。

附录：

欧洲彩色影像记录的中国（1750—1866）

L'Ambassadeur conduit à l'Audience.

1844

剃头的中国人

刊于 1844 年，出自法文版《环球旅行》。

商贩与食客

刊于 1844 年，出自法文版《环球旅行》。

伍秉鉴肖像

19世纪中叶广州著名的外销画家关联昌绘于1847年。

1853

可能是僧格林沁（Ko-Lin）像

丽昌（Lai Chong）拍摄于 1853 年 9 月。这是由中国人拍摄的现存最早的有时间标注的照片。

恭亲王奕訢像

全球最早的战地摄影师之一、最早拍摄北京的摄影师菲利斯·比托拍摄于 1860 年。

浙江纺丝

刊于 1860 年，出自约翰·施嘉士《旅华十二年：人民、叛乱与官员》一书。作者 1847 年来到广州，足迹遍及中国南部大部分地区。为了能近距离地观察中国，他戴上眼镜，身穿中国服饰，头上顶着假辫子，一副十足的中国人打扮。1859 年作者离华回国，次年出版了本书，详细记录下了他在中国的所见所闻。

满族人

刊于 1860 年，出自约翰·施嘉士《旅华十二年：人民、叛乱与官员》一书。

汕头街头

刊于 1860 年，出自约翰·施嘉士《旅华十二年：人民、叛乱与官员》一书。

轿夫与船夫

刊于 1860 年，出自约翰·施嘉士《旅华十二年：人民、叛乱与官员》一书。

广东北部的男孩

刊于 1860 年，出自约翰·施嘉士《旅华十二年：人民、叛乱与官员》一书。

上海的叛乱

刊于 1860 年，出自约翰·施嘉士《旅华十二年：人民、叛乱与官员》一书。

广州救助伤员

刊于 1860 年，出自约翰·施嘉士《旅华十二年：人民、叛乱与官员》一书。

广州珠江上的炮台

刊于 1860 年，出自约翰·施嘉士《旅华十二年：人民、叛乱与官员》一书。

1861

皇帝、官员、士兵

刊于 1861 年，出自意大利文版《全球各民族风俗习惯》第六卷——亚洲卷。

种植水稻

刊于1861年，出自意大利文版《全球各民族风俗习惯》第六卷——亚洲卷。

戏剧表演

刊于1861年，出自意大利文版《全球各民族风俗习惯》第六卷——亚洲卷。

西洋镜

清代风俗人物图鉴

劳作的农夫

刊于1861年，出自意大利文版《全球各民族风俗习惯》第六卷——亚洲卷。

清代风俗人物图鉴
西洋镜

中国僧侣

刊于1861年，出自意大利文版《全球各民族风俗习惯》第六卷——亚洲卷。

上海苦力，手工着色蛋白照片

出自威廉·桑德斯《中国生活及人物研究》（1863—1864）一书。威廉·桑德斯 (William Saunders,1832—1892)，英国商业摄影师，中国最早最著名的插图摄影师之一。1862年，他开设了上海第一家照相馆——森泰照相馆。他摄影作品多刊于《远东》《伦敦新闻画报》等杂志。

1863—1864

修脚，手工着色蛋白照片

出自威廉·桑德斯《中国生活及人物研究》（1863—1864）一书。

1860—1870

流动理发匠，手工着色蛋白照片
威廉·桑德斯拍摄于 19 世纪 60 年代。

贴告示的官员

刊于 1865 年。

1865

1866

太平天国的礼拜堂

刊于 1866 年，出自呤唎《太平天国亲历记》。奥古斯塔斯·弗雷德里克·呤唎（Augustus
Frederick Lindley，1840—1873），英国海军军官。呤唎 1859 年来到香港服役，1861 年投
在忠王李秀成麾下，帮助太平军训练士兵，采购军火。1864 年太平天国起义失败后回国，
1866 年 2 月 3 日出版《太平天国亲历记》。

忠王举行军事会议

刊于 1866 年，出自呤唎《太平天国亲历记》一书。

兵站附近的饭摊

军官、满族官员、贵妇、女仆

满族八旗首领

驻法公使曾纪泽